铁路布袋注浆桩地基处理工艺试验工作指南

上海铁路局　著

中 国 铁 道 出 版 社
2 0 1 2 年·北 京

图书在版编目(CIP)数据

铁路布袋注浆桩地基处理工艺试验工作指南/上海铁路局著. 一北京:中国铁道出版社,2012.1

ISBN 978-7-113-14075-5

Ⅰ.①铁… Ⅱ.①上… Ⅲ.①铁路路基一工程施工一指南 Ⅳ.①U213.1-62

中国版本图书馆 CIP 数据核字(2011)第 278051 号

书　　名:铁路布袋注浆桩地基处理工艺试验工作指南

作　　者:上海铁路局

责任编辑:徐　艳　　**电话**:010-51873193

封面设计:崔　欣

责任校对:孙　玫

责任印制:陆　宁

出版发行:中国铁道出版社(100054,北京市西城区右安门西街8号)

网　　址:http://www.tdpress.com

印　　刷:中国铁道出版社印刷厂

版　　次:2012年1月第1版　2012年1月第1次印刷

开　　本:880 mm×1 230 mm　1/32　印张:2.75　字数:73千

书　　号:ISBN 978-7-113-14075-5

定　　价:24.00元

前　　言

铁路建设工程线长面广，通常需要采用路基形式跨越不同地质条件的场地。为适应不良地基区段的铁路工程建设，需要对天然地基进行处理和加固，以提高软弱地基的承载力，降低地基的压缩性，保证地基的稳定。

目前，国内外地基加固处理方法很多，新的地基处理方法也还在不断发展。按处理原理划分，地基处理大致可以分为以下几类：置换、排水固结、振密挤密、灌入固化物、加筋法、冷热处理法、托换、纠偏等。铁路地基处理常用的工程形式主要包括：换填、砂(碎石)垫层、袋装砂井、塑料排水板、堆载预压、真空预压、砂桩和碎石桩、粉体喷射搅拌桩、浆体喷射搅拌桩、高压旋喷桩、灰土挤密桩、水泥粉煤灰碎石桩(CFG)、打入桩、混凝土灌注桩、强夯、土工材料垫层等。

布袋注浆桩作为一种新的地基处理方式，目前还没有形成相应的行业规范，但近年的工程实践证明，布袋注浆桩在软土和软弱土地基处理中取得了良好的效果。布袋注浆桩通过钻机成孔，运用注浆技术把浆液注入预先埋设于地基中的土工织物袋内，从而形成圆柱状或葫芦状桩体，形成一种既可抗弯又可抗拉、抗压的多性能小直径工程桩，达到堵漏和加固土体的目的，可用于新建工程的桩基础和浅基坑开挖时的挡土支护，以及地基处理和基础补强工程。

建设工程工艺试验是为了考查摸索施工工艺方法、参数的可行性和验证设计方案、参数的合理性而进行的一系列活动，在工程产品的形成中起着重要作用。如何加强建设工程工艺试验管理，规范施工过程的工艺工法和工序流程，是铁路建设落实科学发展观的重要内容，是保证工程质量的客观要求，是不断提高建设工程施工和管理水平的重要载体。

铁路地基处理工程工艺试验是项目质量管理中的一个重要环节，实施布袋注浆桩地基处理首件工程认可制，将工程质量的事后检查把关，转向对质量的事前控制、事中控制；从对产品质量的检查，转向对工作质量、工序质量、中间产品质量的检查；从工艺试验结果的检查，转向深刻理解工艺试验原理，确保产品质量和建设管理水平的全面提高。

上海铁路局经过近几年不断实践，总结形成了建设管理"431"工作法，在工艺试验方面进行了一些探索，全面推行工艺试验、首件认可、验收评估等制度，本书认真总结了春申线路所至上海南联络线布袋注浆桩地基处理施工工艺试验的试验组织、管理制度、实施过程等各个环节的经验教训，明确了工艺试验管理的工作程序、各阶段的工作重点，通过对布袋注浆桩成孔、布袋绑扎与下放、注浆、拔管、补浆等环节的工艺试验，优化了设备配置，确定了工艺参数，验证了工艺工法，可为今后同类施工提供借鉴。

本书在编制过程中，得到中铁二十四局杨钱峰、巫勇、刘兵全等的大力支持，在此表示衷心感谢！由于编者水平有限，不妥之处，敬请谅解。

本书主要起草人：张骏、魏洪山、马斌、温希华、徐新生、徐京海。

本书主要审查人：王峰、李迎九、金武、刘家兵。

目　　录

1 概 述

铁路建设工程首次施工、先行段，新工艺、新工法、新技术、新材料推广应用前，应坚持试验先行，根据试验数据优化、修正设计参数和设计方案，工艺试验[①]成果经验收评估后方可推广应用。

布袋注浆桩是注浆技术和土工织物综合应用的新技术，是以土工织物袋和注浆浆液形成的似圆柱状硬化体来加固土体的软土或软弱土施工新工艺。布袋注浆桩地基处理主要原理是：利用取土设备成孔，将土工织物袋送入设计深度的孔内，通过注浆管高压注入水泥浆成桩。高压注浆膨胀布袋通过挤压周围土体产生挤密作用；土工织物袋具有排水、隔水、加筋作用；硬化后的桩体与桩间土形成人工复合地基，使稳定性和承载力得到提高。最终达到加速土体固结，提高土体承载力，减少土体压缩变形，有效控制地基的工后沉降，满足路基稳定性的目的。

布袋注浆桩既可应用于公路、普通铁路、客运专线等的软土、松软土地基加固处理，也可与灌注桩等结合组成地下连续墙，成为防渗帷幕或支挡构筑物。由于具备适应性强、质量稳定可靠、环境污染少、工程造价低等特点，布袋注浆桩地基处理具有很高的应用价值。鉴于布袋注浆桩是一种新的软土、松软土地基处理方式，目前还没有形成相应的铁路行业规范，更须注重全面施工前的工艺试验工作。

工艺试验应从管理制度、人员配备、现场管理、过程控制[②]和系统总结等方面加强标准化管理，建立和健全管理制度，通过对工艺试验的系统总结，实现铁路建设项目“建设管理科学，过程操作规范，理论方法创新，工程质量一流”的总体目标。

工艺试验应积极采用技术先进、经济合理、安全可靠的装备、材料和施工方法，积极推广应用具有先进性、科学性和实用性的新工艺，提高施工效率，降低成本，节约资源，保护环境。工艺试验管理必须从源头抓起，突出样板示范效应，以点带面、以点促面、点面结合，全面推广和发挥典型示范效应和推动作用。工艺试验应积极推行机械化、工厂化、专业化、信息化，注重方案先行、注重试验过程、注重试验细节、注重试验总结、注重典型引路、注重推广应用。参与人员应经岗前培训合格，持证上岗；特殊工种人员应取得国家或相关部门的职业资格。采用的机械设备、测试设备及各种原材料应符合国家和铁道部现行有关标准。

布袋注浆桩地基处理全面施工前应选择有代表性的地段进行工艺试验，并注重以下几方面：

1 项目管理机构和施工、监理、设计单位应成立工艺试验的专门组织管理机构，编制工艺试验推进计划，安排专人负责工艺试验的具体实施。工艺试验方案编制以前，设计单位进行设计交底。施工单位对设计图纸中工程、水文地质和环境条件进行现场核实，调查施工场地条件和施工存在的困难，收集施工范围内地下管线走向、大型机械进出通道、对临近构建筑物影响等情况。施工单位编制的工艺试验专项方案③和监理单位编制的专项监理实施细则，按规定程序逐级审查，逐步完善，经批准后方可实施。施工单位应办理开工报告等相关手续，编制作业指导书④和技术交底书，并按规定进行技术交底⑤。

2 布袋注浆桩地基处理施工工艺试验应由专业化施工队伍负责施工，根据施工条件选定适宜的施工机械组合，机械参数应满足工艺试验要求，经监理单位审查合格后方可进场。

3 实施过程中建立健全安全质量保证体系，设置专门安全质量管理机构，配备专职安全质量管理人员，落实安全生产责任制，保证工艺试验过程安全可控。

4 铁路布袋注浆桩工艺试验所需的水泥、粉煤灰、土工织物袋、水等各种原材料应按照规定进行抽样检测，各项技术指标应符合设计要求及有关规定，经检验⑥合格后方可进场。

5 布袋注浆桩试验前，地基表层处理、桩位放样、桩顶标高复核必须经验收⑦合格。

6 施工过程中应严格执行环保要求，工程产生的泥浆、弃土等建筑垃圾按规定要求指定地点排放或堆弃。

7 工艺试验过程中，宜建立以施工单位各层次自检、各工序互检，监理单位巡检、旁站检查、平行抽检，项目管理机构抽检的基本质量控制模式。设计、监理单位应安排专人指导、监督工艺试验的实施。施工单位根据试验数据，及时优化、修正施工方案，并随时积累资料、数据，做好各道工序的原始记录。

8 工艺试验施工完成后，应及时编写全面和单项施工技术总结。

9 临近既有线施工必须做好安全培训工作和安全防护措施，防止人员机具侵限，确保既有线安全。

10 试验段施工现场应设立标志，对作业标准、工艺流程、操作规范、现场人员等一一明示。

11 布袋注浆桩基桩静载试验及无侧限抗压强度试验应符合现行《铁路工程土工试验规程》、《铁路工程地基处理规程》及《铁路工程结构混凝土强度检测规程》等有关规定。

①工艺试验是指为了考查探索和验证设计要求的工艺方法、工艺参数的可行性或材料的可加工性，依据技术规范的规定，在动工之前预先进行的试验，根据工艺试验结果，全面指导施工。

②过程控制是指为实现工程的预期目标，在施工过程中根据实际情况从“人、机、料、法、环”等方面实时进行优化、纠偏的活动。

③专项方案一般指施工单位针对危险性较大的分部分项工程单独编制的安全技术措施文件。本文中指针对工艺试验单独编制的实施性施工组织设计文件。

④作业指导书是指用于指导某个具体过程和事物形成的技术性细节描述的可操作性文件。

⑤技术交底是在某一单位工程开工前，或一个分项工程施工前，由主管技术领导向参与施工的人员进行的技术性交待，其目的是使施工人员对工程特点、技术质量要求、施工方法与措施和安全等方面有一个较详细的了解，以便于科学地组织施工，避免技术质量事故的发生。

⑥检验是指对检验项目中的性能进行量测、检查、试验等，并将结果与标准规定要求进行比较，以确定每项性能是否合格所进行的活动。

⑦验收是指建筑工程在施工单位自行质量检查评定的基础上，参与建设活动的有关单位共同对检验批、分项、分部、单位工程的质量进行抽样复验，根据相关标准以书面形式对工程质量是否达到合格作出确认。

2 工艺试验前提条件

项目管理机构和施工、监理、设计单位成立工艺试验组织管理机构，编制工艺试验推进计划，安排专人负责工艺试验的具体实施，明确参建各方和各级参与部门、人员的职责，确保工艺试验管理工作落到实处。

2.1 基本要求

1 项目管理机构成立由分管领导任组长，工程和安质部负责人、相关专业技术人员和施工、监理单位负责人以及设计单位现场负责人任组员的工艺试验领导小组，并成立专家组。

1)应安排专人专职开展工艺试验管理，确保工艺试验管理工作落到实处。

2)制订管理制度，明确各参与人员在试验各阶段的职责。

3)依据项目实际制定工艺试验工作推进计划和工作展开表，确保工艺试验工作有序开展。

4)对施工单位提报的工艺试验专项方案进行审核。

5)定期召开工艺试验工作总结分析会议，检查、总结、分析、协调解决工艺试验工作的突出问题，每月定期对工艺试验工作进行总结。

6)应对工艺试验进行全过程管理，确保工艺试验数据和成果的真实性和准确性。督促施工、监理单位作好工艺试验资料的管理，并建立台账。

7)试验完成后，应检查监督施工单位按试验结果完善、优化施工工艺，并在全线推广应用。

8)应根据具体工艺试验的目的和要求，结合现场出现的问题或者典型事例，积极采取科学、有效的手段，开展工艺试验工作程序、标准规范、技术条件、质量控制重点和相应措施等的专项培训，并纳入项目管理机构教育培训计划。

2 监理单位成立由总监理工程师任组长，地质、路基、测量、试验专业监理工程师和相关监理人员任组员的工艺试验监理组。

1)制定本单位的管理制度，明确相关人员的职责。

2)对施工单位提报的工艺试验专项方案进行审核。

3)总监理工程师组织制定针对性的专项监理计划，对关键工序进行签认，对施工单位提交的工艺试验技术总结报告进行审核，组织初评估，编写监理总结和初评估报告。

4)专业监理工程师对施工单位提报的工艺试验方案进行审核，编制监理实施细则并在实施过程中进行全方位的监督管理，对试验过程中的每道工序进行签认，对试验报告中数据的真实性和准确性负责。

5)试验完成后，监督施工单位按审批确定的的工艺参数施工。

6)对工艺试验工作程序、机械使用以及水泥浆比重、每米浆液用量、注浆压力、注浆速度等监理要点进行专项培训，并纳入监理教育培训计划。

3 设计单位成立由现场负责人任组长，相关专业设计人员任组员的工艺试验配合组。

1)制定本单位的工艺试验管理制度，指定专人现场配合工艺试验。

2)参与审查施工单位提报的工艺试验专项方案，指导工艺试验实施，参与工艺试验技术总结的验收评估，对最终工艺参数进行确认。

3)对工艺试验施工进行定期和不定期检查。

4 施工单位成立由负责人任组长，工程、安质、计划物资部和试验室负责人及相关专业技术人员任组员的工艺试验现场推进组。

1)制定本单位的工艺试验管理制度，明确职责，建立工作机制。

2)编制工艺试验专项方案报监理、项目管理机构进行审批(核)。

3)根据批准的工艺试验专项方案组织开展工艺试验工作，及时记录相关数据，做好试验数据、影像资料的收集工作，建立台账。

4)编制工艺试验技术总结报告和自评估报告,做好试验数据、影像资料的整理和保存工作,及时申请验收评估。

5)根据验收评估最终确认的试验参数,优化施工工艺,组织推广应用。

6)开展工艺试验工作程序、施工工艺、机械使用以及水泥浆比重、每米浆液用量、注浆压力、注浆速度等参数控制的专项培训。

2.2 工作制度

项目管理机构和施工、监理、设计单位应建立确保工艺试验顺利实施的各项制度,主要包括技术、质量、安全、施工方案审查、培训、技术交底、作业指导书、监理旁站、监理检查巡查、试验检验、施工测量复核、过程检验验收、总结和验收评估、物资设备等内容。

1 技术管理制度是指在基础技术管理工作中必须建立的一些制度,由项目管理机构分管领导组织工程、安质等部门根据国家法律法规、铁道部和铁路局相关规范和规定,结合工程实际情况,在正式开工前编制完成,以文件形式签发。施工、监理单位根据项目管理机构编制的技术管理制度,结合标段工程实际情况,在正式开工前编制完成,以文件形式签发,报送项目管理机构备案。主要包括工程测量、施工图现场核对、施工技术交底、开工报告申请、作业指导书编制、专项施工方案及专家论证审查、基础技术资料管理等内容。

1)施工图现场核对

项目管理机构收到施工图设计文件后,及时组织设计、监理、施工单位有关技术人员完成施工图核对,重点核对技术、安全、环保、水保等措施。施工、监理单位接到施工图后,应进行施工图现场核对,重点核对地质、标高、位置、地下管线、临近构建物影响等。监理单位在批准工点开工报告时,应说明该工点施工图现场核对情况,未经现场核对的工点不准开工。

2)开工报告申请

布袋注浆桩地基处理工艺试验应单独填写开工报告。开工报告申请主要包括工程开工报审表,主要进场人员报审表,进场施工机械、设备报验单等内容，报监理单位、项目管理机构依次审核同意后方可开工。项目管理机构、监理单位应重点审查：现场是否具备开工条件，施工方案是否报审并修改完善，人员资质、数量是否满足要求，进场机械设备是否满足要求，进场材料是否检验合格。

3）基础技术资料管理

工艺试验基础技术资料主要包括设计文件、施工图纸、相关协议纪要、工艺试验专项方案、专项监理实施细则、作业指导书、技术交底、测量复核记录、试验检验资料、各阶段报审表、试验参数记录、各种总结报告、技术活动资料（含文字、图片、图纸）、工序签认①记录等。每道工序结束后，基础技术资料应及时整理、组卷。

2　质量管理制度是为确保工程质量得到有效控制而制定的一系列制度，由项目管理机构分管领导组织工程、安质部根据国家法律法规、铁道部和铁路局相关规范和规定，结合工程实际情况，在正式开工前编制完成，以文件形式签发。施工、监理单位根据项目管理机构编制的质量管理制度，结合标段工程实际情况，在正式开工前编制完成，以文件形式签发，报送项目管理机构备案。主要包括材料、设备进场检验及存储管理、工程质量试验、样板引路、质量检查申报与签认、成品保护等内容。

1）质量检查、申报与签认

项目管理机构组织施工、监理单位定期对工艺试验实施情况进行综合检查，各级负责人、技术人员、安质人员应经常对施工作业场所进行检查，重点检查原材料、机械使用、水泥浆比重、粉煤灰掺入量、每米浆液用量、注浆压力、注浆速度等关键项目。对发现的质量问题现场填发问题整改通知书，明确整改计划、措施、责任人和标准。各工序完成后，施工单位应严格遵守“三检”制，由质量员自检合格后，填写检验批报监理单位验收，验收合格后进入下一步工序。对成孔、浆液拌制、注浆、补浆②等关键工序，项目管理机构和施工、监理单位必须按规定进行工序签认。

2）成品保护

成桩后应及时对桩位进行标注，在现场设立标识，防止施工机械、车辆等进入损坏桩体。

3)样板引路

施工单位严格工艺试验每道工序的控制,项目管理机构组织设计、监理、施工单位验收合格后作为样板工程。

3　安全管理制度是安全基础管理工作的基本依据,由项目管理机构分管领导组织工程、安质部根据国家法律法规、铁道部和铁路局相关规范和规定,结合工程实际情况,在正式开工前编制完成,以文件形式签发。施工、监理单位根据项目管理机构编制的安全管理制度结合标段工程实际情况,在正式开工前编制完成,以文件形式签发,报送项目管理机构备案。主要包括安全生产责任、安全生产教育培训、安全技术交底、特种作业与特殊岗位人员持证上岗、安全检查与考核、机械与电气设备及危险岗位的操作规程和书面告知、"三同时"、应急处置等内容。

1)安全生产责任

项目管理机构和施工、监理单位应分级成立安全管理组织机构,建立健全安全组织、安全技术措施保证体系,明确各级领导和部门及各岗位人员的安全职责;按照规定和现场需要分级设置专门检查机构,配备专职安全工程师。

2)特种作业与特殊岗位人员持证上岗

施工单位试验、测量、质量、安全专业人员,大型施工机械、电工、电焊等操作人员和监理单位试验、测量专业监理人员应持国家或相关部门颁发的有效证件,持证上岗。

3)安全检查与考核

项目管理机构和施工、监理单位应根据铁道部《关于铁路建设项目施工及监理考核的指导意见》(铁建设〔2008〕247号)和铁路局、项目管理机构的相关规定建立安全检查评比考核办法。项目管理机构和施工、监理单位应按规定对施工现场进行安全检查,对发现的问题现场填发问题整改通知书,明确整改计划、措施和责任人。

4)机械与电气设备及危险岗位的操作规程和书面告知

施工单位应向钻机、挖机、起重机、自卸汽车、压浆泵等作业人员书面告知危险岗位的操作规程和违章操作的危害。对浆液拌制、注浆、试验人员等涉及危险源的从业人员应按规定提供安全防护用具和安全防护服装，并书面告知危险岗位的操作规程和违章操作的危害。

5)应急处置

为保证布袋注浆桩工艺试验的实施，及时、高效、有序、妥善地处置突发事件(以下简称地基处理突发事件)，防止事件蔓延扩大，最大限度地减少人员伤亡和财产损失，维护正常生产秩序和社会稳定，针对可能发生的事故，应编制应急处置方案，主要包括总则、危险性分析、组织机构及职责、预防与预警、应急响应、信息发布、后期处置、保障措施等内容。

对机械、试验设备使用和试验、作业人员存在的危险源进行分析，明确危险源等级。针对发生机械倾覆、机械伤人、触电伤害、地下管线损害等情况，制定针对性的预防措施。施工前，对作业人员进行安全培训，熟知施工地段的安全控制重点；对施工现场发现的安全隐患，要立即处理，隐患未克服，不得继续施工；当出现操作失误或不严格执行各类操作规程以及各类安全规章制度执行不力的现象时，要及时发出警示，采取措施。发生安全事件时，要按规定程序进行处理。

4　工艺试验专项方案及专家论证审查

施工单位应根据设计文件、施工图、现场实际情况和项目管理机构、监理单位相关要求，编制工艺试验专项方案。编制后，应按规定程序、规范表格逐级上报、逐级审查，逐步完善。工艺试验专项方案应由项目管理机构或铁路局邀请专家进行论证、审查。

5　培训制度

施工前，项目管理机构和施工、监理单位应组织相关人员进行岗前学习培训和安全、技术交底，并经考试合格，建立培训档案。施工机械操作和监理、试验、测量等人员须取得国家相关部门颁发岗位资格证。培训的主要内容：主要技术标准和工程建设情况，设计规范、施工指南、验收标准，施工工艺、技术要求，质量、安全控制重点及相应措施，检测方法等。

6　交底制度

交底主要包括设计交底、施工交底和监理交底。

设计交底由项目管理机构组织，设计单位交底；施工交底由施工单位按三级交底组织实施，交底内容包含技术交底、安全交底；监理交底由监理单位按二级交底组织实施，交底内容包含技术交底、安全交底。

技术交底的主要内容按照铁道部《关于印发〈铁路建设项目技术交底管理暂行办法〉的通知》(铁建设〔2009〕155 号)进行。设计技术交底由设计单位根据审核合格的施工图，就设计内容、设计意图和施工注意事项向施工、监理等单位进行说明，解答施工、监理等单位提出的问题。施工单位技术交底由项目总工程师及技术主管人员依据设计文件和设计技术交底纪要，将施工方案及施工工艺、施工进度计划、过程控制及质量标准、作业标准、材料设备及工装配置、安全措施及施工注意事项等向参与施工的技术管理人员和作业人员进行传达。

安全交底的主要内容包括：施工项目的作业特点和危险点、针对危险点的具体预防措施、应注意的安全事项、相应的安全操作规程、发生事故后应采取的应急措施。

施工、监理单位交底前，应编制交底书，并按规定履行审核手续。交底完毕后，所有参加交底的人员应签认，记录存档。机械使用、水泥浆比重、每米浆液用量、注浆压力、注浆速度等主要试验参数发生变化后，应重新进行技术交底。

7　作业指导书制度

施工单位应针对施工过程和施工工序，结合工程实际逐项编制作业指导书，经项目总工程师审批后下发执行。作业指导书发放和接收应统一编号和登记。试验参数发生变化时，应重新编制作业指导书。

8　监理旁站制度

监理工程师应分专业对成孔、浆液拌制、注浆、补浆等关键工序和桩距、孔径、孔深、垂直度、浆液比重、拔管速度、注浆压力、注浆速度等关键指标的检测、测量全过程旁站。

9 监理检查、巡查制度

监理工程师应对工艺试验工作进行定期、不定期的检查、巡查，对试验过程进行全方位的监督管理。主要内容包括：施工单位是否按照批准的工艺试验专项方案进行施工；进场材料、设备是否按程序报验并核查其是否满足施工要求；施工单位是否及时对相关检测试验数据进行总结、修正、报审；施工单位是否按确定的工艺试验参数施工；施工单位现场管理人员是否到岗到位。

10 试验检验制度

施工、监理单位工艺试验使用的试验室需经授权、验收合格、满足施工现场检测需要。检测前，检测人员应掌握现场检测的方案；检测数据应在现场进行整理，原始记录应现场签认；检测结束后，应在规定时间内出具检测结论，及时反馈给参建各方。

平行或见证检验中发现不合格情况时，专业监理工程师及时通知施工单位暂停工序施工或返修处理，经进一步核查或处理后，重新按照规定进行检验、验收，直到合格为止。

11 工程测量复核制度

工程测量主要包括交接桩、施工复测、控制测量及放样测量等，其重点是桩位、桩顶标高等。

施工、监理单位应根据试验段施工需要配齐合格的专职测量人员和测绘设备。测绘设备应在鉴定证书有效期内使用，按规定进行检验、校正；施工单位的检测仪器设备使用前应上报监理单位审批。

施工单位测量工作应按照“测量技术人员测量→技术主管复核→项目总工程师审定”的程序执行。监理单位在开工前复核中线、水准基点桩的设置，施工过程中按规定频次对线路中心、高程等进行复核，对施工单位测量过程全过程见证。测绘成果不合格时，应按规范要求补测或重测。

12 总结和验收评估制度

每阶段试验结束后，施工、监理单位应及时对试验参数进行总结、分析、修正，为下一阶段施工提供技术参数。工艺试验结束后，项目管理机构和施工、监理单位应按规定程序组织验收评估，及时编制总结报告，并报批；项目管理机构组织施工、监理、设计单位根据试验数据优化、修正设计参数和设计方案，确认最终参数。

工艺试验结束后，由专家组对试验结果进行验收和评估，形成试验段验收评估报告，施工单位根据批准后的报告组织全线施工。

①工序签认是指一道工序完毕，施工的承接方与完成方经双方检查并对可否继续进行施工工序交接文件上实名签字确认的活动。

②补浆是指布袋注浆桩注浆完成后，在一定的时间内，布袋内的浆液由于泌水的原因而形成了浆体损失，需进行加压补浆，使桩身保持致密饱满的效果。

3 工艺试验前期准备

工艺试验的前期准备工作主要包括试验段的选取，工艺试验专项方案和专项监理实施细则的制定、审核、完善，人员、机械设备、材料的配置、进场验收，作业指导书、技术交底的制定、审核。需注意的是当施工工艺、试验参数发生变化后，施工、监理单位要根据相应的变化重新进行作业指导书的编制和技术交底。

3.1 试验段的选取

布袋注浆桩地基处理施工工艺试验前，设计单位进行施工图交底，项目管理机构负责组织勘察、设计、监理、施工等相关单位对施工现场进行全面调查，确定试验段数量、规模、位置。一般包含以下内容：施工范围内的地质、水文、气象、交通、地下管线走向等情况；当地施工机械等资源情况；各项临时工程和防排水设施的设置情况；调查核对相关资料；设计工程数量。如涉及铁路既有线施工，还要重点调查对既有线的影响程度。

1 工艺试验地点及规模确定

工艺试验地点必须是具有代表性的、具备施工各项条件的处所。在一般调查的基础上，比选沿线的地质条件、与既有线关系、施工场地条件等确定。原则上，应选取地质最具有代表性、施工场地开阔、便于设置泥浆池和循环通道、交通便利的地点。当不能满足所有条件时，按照最优组合确定。

试验规模应根据设计及验标等规定的要求，结合布袋注浆桩工艺工法和试验目的确定，通常按照纵断面变化情况、注浆方式、钻头直径、泥浆水胶比的组合数量确定。

工艺试验段确定后，由项目管理机构填写试验段实施计划表报铁路局批准。试验段实施计划表见附表1。

2　试验段选取实例

以春申线路所至上海南联络线布袋注浆桩地基处理施工工艺试验为例，施工路基里程为 K5＋176～K8＋500，长 3.324 km，采用布袋注浆桩进行地基处理，设计桩长为 10～20 m，桩径 ϕ40 cm，桩距 1.2 m，按正方形布置。设计要求：施工前选取代表性桩位进行工艺性试桩，以检验设备，获取工艺参数，根据试桩成果确定合理的浆液配比和注浆压力，并进行以下检测：①成桩 7 d 后，垂直钻孔取芯检测，观察完整性、均匀性，水泥结石 7 d 强度不小于 2.4 MPa，浆液结石率不小于 75％；②布袋桩单桩承载力不小于 100 kN。

工艺试验的目的是确定工艺的各项最佳参数。根据对布袋注浆桩的工艺研究，决定对钻头大小、浆液配合比、注浆方式三方面进行比选：钻头选用 200 mm、300 mm、370 mm 三种型号进行比选；浆液配合比选用 1∶0.8∶0.65、1∶0.75∶0.65、1∶0.65∶0.55 三种进行比选；注浆方式选用注浆管插到底直接注浆和注浆管边拔边注浆两种方法。

根据比选方案的组合形式及设计的相关要求，每种水灰比(即浆液配合比，下文同)做 3 根桩，用于取芯、承载力等试验，共计 9 根桩。由于使用 200 mm 钻头时明显不能满足设计成孔桩径及设计每米注浆量的要求，而 370 mm 钻头施工浆液用量太大，且考虑到注浆管边拔边注浆工效较低，无明显优势，在实施过程中，对参数组合及数量进行了调整：其中 300 mm 钻头按 1∶0.75∶0.65 水灰比的桩 4 根，1∶0.65∶0.55 水灰比 4 根，1∶0.8∶0.65 水灰比 4 根，而 370 mm 钻头和 200 mm 钻头，按 1∶0.75∶0.65 配合比各 2 根，最终进行 16 根桩的试验。

由于受既有铁路、征地拆迁及管线迁改等因素影响，经前期调研，可以先期动工的地点不多，试验段的选择又必须具有代表性，经比选，K7＋275～K7＋291.8 位置地质条件、影响既有线程度、施工场地条件等都符合要求。

本次试验地点 K7＋275～K7＋291.8，共计 16.8 m，位于既有沪春线南侧，设计为横向 6 排桩布置，设计桩长 10 m，桩径 ϕ40 cm，桩距 1.2 m，按正方形布置，最近一根桩距既有线 3.8 m，最远一根桩距既有线 9.8 m。具体桩位布置见图 3.1—1。

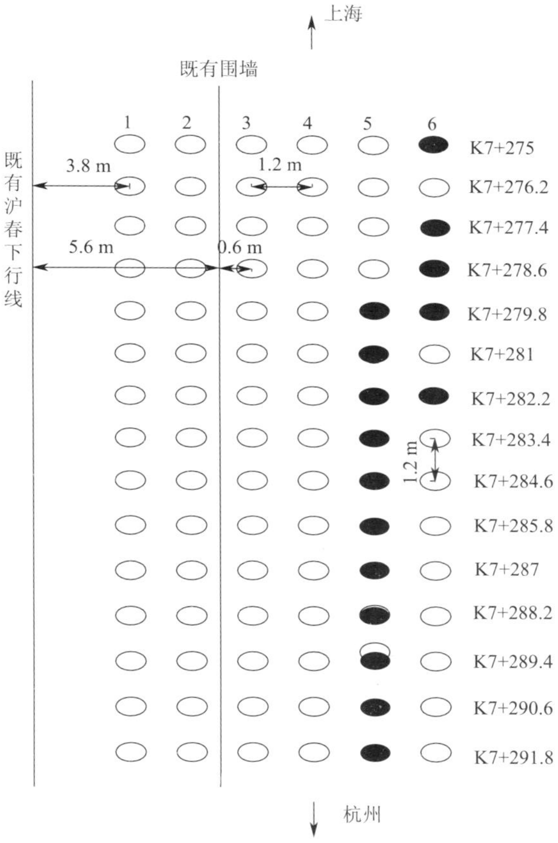

注：1. 本图为布袋桩试桩桩位布置平面示意图；

2. 本次试桩共16根桩，用⬬表示；

3. 为减少对既有线的影响，施工时采取跳打顺序。

图 3.1—1　试桩平面布置图

试验段确定后，沪杭客专公司根据试验段选取结果编制试验段实施计划表，报上海铁路局批准。实施计划表见图 3.1—2。

工艺试验实施计划表

工程项目名称	沪杭客专上海南联络线工程	
试验性质	路基布袋注浆桩工艺性试验	
试验里程及长度	K7+275～K8+500	
所属标段	沪杭客专站前一标	
项目管理机构	单位名称	沪杭客专公司
	主管人员	温希华
	联系电话	
施工单位	单位名称	中铁二十四局沪杭客专项目部
	主管人员	黄耀东
	联系电话	
监理单位	单位名称	中铁济南监理沪杭客专项目部
	主管人员	黄存军
	联系电话	
设计单位	单位名称	铁四院沪杭客专建设指挥部
	主管人员	梁龙标
	联系电话	
计划开工日期	2011年3月17日	
计划完工日期	2011年4月3日	
试验段概况	本段路基采用布袋注浆桩加固，里程为K7+275～K8+500，长16.8米，单根桩长10米，间距1.2米。	
项目管理机构（章） 日　期：		

本表一式二份，由项目管理机构填写，建设处、项目管理机构各一份。

图 3.1—2　春申线路所至上海南联络线布袋注浆桩地基处理工艺试验试验段实施计划表

3.2 专项方案

1 工艺试验专项方案

1)编制

试验段实施计划经铁路局批准后,施工单位应根据设计文件和有关标准,由项目总工程师组织路基、测量、试验、质量、安全等专业工程师编制工艺试验专项施工方案。工艺试验专项施工方案主要包括以下内容:

①目的、意义:根据试验段类型重点表述工艺试验的目的及其意义,阐述试验段控制点及预期效果。

以春申线路所至上海南联络线布袋注浆桩地基处理施工工艺试验为例,该试验段的目的、意义:

通过多次试验,获取最佳浆液配比、注浆压力、注浆速度、拔管速度等施工工艺参数;优化机械配置,通过钻头的比选获取成桩效果和经济效果最佳的钻头型号;通过试验,获取施工成本的具体数据。

②编制依据:《铁路路基工程施工质量验收标准》、《客货共线铁路路基工程施工技术指南》、《铁路工程土工试验规程》、《铁路工程地基处理技术规程》、《铁路工程结构混凝土强度检测规程》、《上海铁路局建设工程工艺试验管理暂行办法》,以及施工组织调查报告、项目建设单位相关批复文件、设计施工图、施工现场调查资料等。

③工程概况、设计要求、技术难点、过程重点:介绍项目的工程情况、主要技术标准,着重介绍与施组有关的工程特点、控制工序、重点工序。根据试验段的目的及意义编制试验段重点控制工序及控制措施。总体要求突出重点,目标明确,措施得力。

以春申线路所至上海南联络线布袋注浆桩地基处理施工工艺试验为例,工艺试验过程重点为:对成孔、下放布袋和注浆管、注浆、补浆等进行对比试验,重点控制孔径、桩位、垂直度、水泥浆配合比、注浆量、注浆压力、压浆速度、拔管速度等参数。

④施工机械和人员配置、劳力组织:根据试验段规模介绍施工机械种类、工种和劳力分配,形成资源配置表,其中包括:机械配置表、劳力

配置表以及劳力分配表。

⑤计划节点安排：根据试验段总工期安排，分解每道工序工期，同时反向验证总工期合理性。工期节点安排要符合实际，同时应根据施工进展情况合理调整节点工期，得出实际合理的工序时间，以便为后续整体施工提供指导意见。

⑥质量标准、关键技术：根据试验段目的、意义、重点工序、易发问题确定安全、质量控制要点，控制要点应能贯穿试验全过程，并突出关键技术。

以春申线路所至上海南联络线布袋注浆桩地基处理施工工艺试验为例，工艺试验的关键技术主要是针对钻孔、浆液拌制、布袋绑扎和下放、注浆、拔管等关键工序的控制措施；对水泥、布袋、粉煤灰等原材料进行试验，7 d 取芯、无侧限抗压强度试验和 28 d 单桩承载力试验。

⑦施工方法、工艺流程：根据试验段项目类型简要叙述工艺流程，并形成流程图。

⑧施工中应注意和重点控制的事项：水泥、粉煤灰、土工织物等原材料检验指标；施工机械参数；孔径、桩位、垂直度；浆液配比、注浆压力、注浆速度；补浆用量和时机。

⑨安全、质量、文明施工措施：a. 质量措施：原材料进场检验、过程控制。b. 安全措施：安全生产责任制、施工用电、管线确认、机械防护、应急预案、冬(雨)季注意事项、人员防护和安全培训等措施。c. 文明施工：水泥浆拌制过程中的防尘、泥浆池的设置和泥浆处理方法、机械施工的噪声控制、现场便道、材料堆放、宿舍等临时设施的标准、标识标牌的位置等。

2)审查

①审查重点：管理人员配置、劳力组织是否满足要求；施工机械配备是否满足要求；施工安排是否合理；施工方法、工艺、流程是否得当；质量标准、重点控制事项是否明确；安全质量保证体系是否健全；安全、环保、消防和文明施工是否符合有关规定；核实施工技术人员落实情况及相关人员对现场施工环节的熟悉情况等。

②审查程序

工艺试验专项方案审查流程见图 3.2—1。

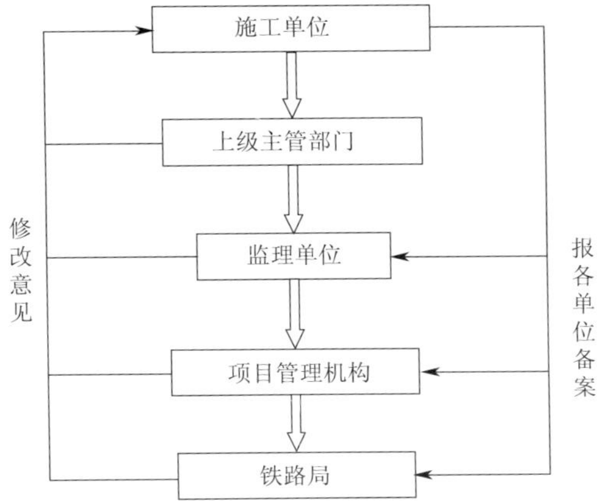

图 3.2—1 专项施工方案审查流程图

施工单位方案编制完成,经内部审查合格后,填写施工方案报审表,报上级主管部门技术负责人审查后,签署审查意见。施工单位工艺试验专项方案报审表见附表 2。

施工单位项目部根据上级主管部门审查意见修改完善后,填写工艺试验专项方案报审表,报监理单位审核。监理单位总监理工程师组织地质、路基、测量、试验、质量、安全等专业监理工程师召开专题审查会,形成书面审核意见。施工单位根据监理单位审核意见,再次修改、完善方案,经监理单位同意后,上报项目管理机构。项目管理机构组织设计、施工、监理单位对专项施工方案进行初步审查,形成初步审查意见,必要时,项目管理机构可邀请相关专家参与审查。施工单位根据初步审查意见对实施方案进行修改、完善,报项目管理机构。工艺试验专项方案报审表见附表 3。

以春申线路所至上海南联络线布袋注浆桩地基处理工艺试验为例,春申线路所至上海南联络线布袋注浆桩地基处理工艺试验专项方案报审表见图 3.2—2。

沪 杭 铁 路 客 运 专 线

施工组织设计/方案报审表（TA1）

工程项目名称：沪杭铁路客运专线　　施工合同段：HHZQ-1 标　编号：HHZQ1-ZT24J-TA1-20101213-1

致：中铁济南工程建设监理有限公司沪杭铁路客运专线一标项目监理部（项目监理机构）：

我单位根据施工合同的有关规定已编制完成上海南联络线布袋注浆桩试桩方案，并经我单位技术负责人审查批准，请予以审批。

附件：上海南联络线布袋注浆桩试桩方案

承包单位(章)：

项目负责人：

日　期：2010 年 12 月 13 日

专业监理工程师意见：

专业监理工程师：

日　期：____年__月__日

项目监理机构意见：

试桩数据记录要准确完整，以便铺开作为评价依据。同意实施

项目监理机构(章)：

总监理工程师：

日　期：2010 年 12 月 13 日

建设单位意见（如需要）：

建设单位(章)：

工程师：

日　期：____年__月__日

注：本表一式 4 份，承包单位 2 份，监理、建设单位各 1 份。

图 3.2—2　春申线路所至上海南联络线布袋注浆桩地基处理工艺试验专项方案报审表

项目管理机构填写试验段实施方案审查申请表，报铁路局。试验段实施方案审查申请表见附表 4。

以春申线路所至上海南联络线布袋注浆桩地基处理工艺试验为例，春申线路所至上海南联络线布袋注浆桩地基处理工艺试验试验段方案审查申请表见图 3.2—3。

工艺试验实施方案审查申请表

工程项目名称	沪杭客专上海南联络线工程	
试验性质	路基布袋注浆桩工艺性试验	
试验里程及长度	K7+275～K8+500	
所属标段	沪杭客专站前一标	
项目管理机构	单位名称	沪杭客专公司
	主管人员	温希华
	联系电话	
计划开工日期	2011年3月17日	
计划完工日期	2011年4月3日	
申请方案审查时间	2011年3月15日	
沪杭铁路客运专线股份有限公司 （项目管理机构盖章） 日　期：2011年3月10日		

本表一式二份，由项目管理机构填写，建设处、项目管理机构各一份。

图 3.2—3　春申线路所至上海南联络线布袋注浆桩地基处理工艺试验方案审查申请表

铁路局宜组织项目管理机构和设计、施工、监理单位等相关单位，并邀请有关专家对上报的专项方案进行审查、批复，形成试验段方案审查批复表。试验段方案审查批复表见附表 5。

以春申线路所至上海南联络线布袋注浆桩地基处理工艺试验为例，春申线路所至上海南联络线布袋注浆桩地基处理工艺试验试验段方案审查批复表见图 3.2—4。

工艺试验方案审查批复表

工程项目名称	沪杭客专上海南联络线工程	
试验性质	路基布袋注浆桩工艺性试桩	
试验里程及长度	K7+275-K8+500	
所属标段	沪杭客专站前一标	
项目管理机构	单位名称	沪杭客专公司
	主管人员	温希华
	联系电话	
计划开工日期	2011 年 3 月 17 日	
计划完工日期	2011 年 4 月 3 日	
方案审查时间	2011 年 3 月 15 日	

实施方案审查批复意见：（专家组审查报告另附）

请沪杭公司组织审查，按专家审核意见进行修改后实施。

建设管理处（章）

日　　期：2011.3.14

本表一式二份，由建设管理处填写，建设处、项目管理机构各一份。

图 3.2—4　春申线路所至上海南联络线布袋注浆桩地基处理工艺试验方案审查批复表

项目管理机构根据铁路局批复意见完善实施方案，并填写试验段方案修改备案表，报铁路局备案。试验段方案修改备案表见附表6。

以春申线路所至上海南联络线布袋注浆桩地基处理工艺试验为例，春申线路所至上海南联络线布袋注浆桩地基处理工艺试验试验段方案修改备案表见图3.2—5。

工艺试验方案修改备案表

<table>
<tr><td>工程项目名称</td><td colspan="2">沪杭客专上海南联络线工程</td></tr>
<tr><td>试验性质</td><td colspan="2">路基布袋注浆桩工艺性试验</td></tr>
<tr><td>试验里程及长度</td><td colspan="2">K7+275～K8+500</td></tr>
<tr><td>所属标段</td><td colspan="2">沪杭客专站前一标</td></tr>
<tr><td rowspan="3">项目管理机构</td><td>单位名称</td><td>沪杭客专公司</td></tr>
<tr><td>主管人员</td><td>温希华</td></tr>
<tr><td>联系电话</td><td></td></tr>
<tr><td>计划开工日期</td><td colspan="2">2011年3月17日</td></tr>
<tr><td>计划完工日期</td><td colspan="2">2011年4月3日</td></tr>
<tr><td>方案审查时间</td><td colspan="2">2011年3月15日</td></tr>
<tr><td colspan="3">已按公司审查意见修改报备，修改的方案及细则见附件。

项目管理机构（章）

日　期：</td></tr>
</table>

本表一式二份，由项目管理机构填写，建设处、项目管理机构各一份。

图3.2—5　春申线路所至上海南联络线布袋注浆桩地基处理工艺试验试验段方案修改备案表

2 工艺试验专项监理实施细则

1）编制

①监理单位应根据已批准的监理规划、相关的标准、设计文件、技术资料和施工组织设计，编制工艺试验专项监理实施细则，由总监理工程师组织，路基、测量、试验专业监理工程师负责编写。

②专项监理实施细则主要包括以下内容：

a. 编制依据：经批准的监理规划，施工图及设计技术交底，现行验标、规程、技术标准，经批准的施工组织设计等。

b. 工程概况、设计要求、专业工程特点。

c. 监理人员配置。

d. 监理工作范围及重点：施工准备重点检查人员配置、机械设备选型、材料质量控制等；施工过程重点检查施工过程与方案的吻合性；施工工艺优化后的总结；根据每道工序的实施情况和检测数据，进行小结分析，实时纠偏，并做好相应的记录。

e. 监理工作流程。

f. 监理工作控制目标、监控手段、检测方法。

目标：根据批准的专项施工方案核实实施，在其实施过程中不断优化，确保在经济合理、质量最优的前提下在全线推广。

监控手段：采取巡视、旁站、抽检三种方式进行监控。

检测方法：根据《铁路路基工程施工质量验收标准》、《铁路工程地基处理技术规程》、《铁路工程土工试验规程》规定，对钻孔、下放布袋和注浆管、注浆、补浆等施工工序流程、用时进行对比试验，重点控制水泥浆配合比、压浆量、注浆压力、压浆速度等参数。

2）审查

①审查程序

专项监理实施细则审查流程见图 3.2—6。

监理单位专项监理实施细则编制完成后，经内部审查合格，填写报审表，报监理单位上级主管部门技术负责人审查并签署审查意见。监理单位修改、完善后，上报项目管理机构审查。

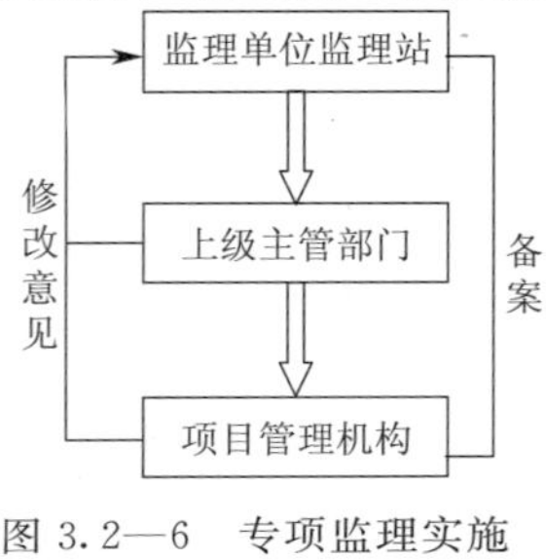

图 3.2—6 专项监理实施细则审查流程图

鉴于工艺试验的重要性，专项监理实施细则宜由项目管理机构组织进行审查；监理单位根据审查意见再次进行修改、完善后，报项目管理机构备案。

专项监理实施细则报审表见附表 7。

②完善

施工过程中，钻头大小、浆液配合比、注浆方式、注浆压力、注浆速度、补浆量和补浆时机等发生变化后，监理单位应根据实际情况，及时补充、修订专项监理实施细则。

3.3　资源配备

资源配备按照确定的试验段规模进行配备，确保工期计划和安全质量目标的实现。

1　人员

施工单位应配置专业化的施工队伍，宜成立专门的架子队负责工艺试验施工。架子队组织形式按照职能矩阵组织形式，符合铁道部的有关要求，并具有同类施工的管理经验。施工单位人员培训合格后，须报监理单位审查同意，方可进场。主要进场人员报审表见附表 8。

以春申线路所至上海南联络线布袋注浆桩地基处理施工工艺试验为例，施工、监理单位现场管理及技术人员配备按以下条件执行：

1）施工单位：项目部（分）部专职管理人员，地路、试验、测量、质量专业工程师；架子队队长、技术负责人、质量员、试验员、材料员、领工员、工班长等。

2）监理单位：分管副总监理工程师，地路、试验、测量专业监理工程师，现场监理员等。

3）以 16.8 m 长的试验段规模为基准，人员配备数量见表 3.3—1 执行。试验段规模发生变化时，架子队领工员、工班长和劳务作业人员可适当增减。

2　机械设备

机械设备应根据现场施工条件和钻孔、压浆方式配备，经经济技术比较后选取。施工前，施工单位应递交机械报审表，附机械设备的合格证、检测报告、机械操作证等相关资料，报监理单位批准。施工机械进场后，施工、监理单位应共同对施工机械参数进行验证，核对施工机械理论参数和实际参数的差值，以便施工过程中及时纠偏。进场施工机械、设备报验单见附表9。

表 3.3—1 布袋注浆桩地基处理施工工艺试验人员配备表

单位/部门	专业人员	数量(位)	单位/部门	专业人员	数量(位)
项目部(分)	专职管理人员	5	架子队	队长	1
	地路专业工程师	1		技术员	1
	试验专业工程师	1		质量员	1
	测量专业工程师	1		试验员	1
	安全质量工程师	2		领工员	1
监理站	分管副总监理工程师	1		工班长	领工员兼
	地路专业监理工程师	1		劳务人员	7
	试验专业监理工程师	1			
	测量专业监理工程师	1			
	现场监理员	2			

布袋注浆桩主要机械设备包括成孔设备、制浆和注浆设备、计量和运输设备、检测设备等。其中，成孔设备根据地质情况和成孔深度，可选用旋转式钻机和沉管式钻机。钻头开孔直径要满足注浆管和土工织物袋下放、成桩直径等要求。制浆设备可采用水泵、灰浆搅拌机和注浆泵。灰浆搅拌机应满足两种以上配料要求，注浆泵压力需保证注浆压力要求(根据不同的地层和成桩要求变化)。流量计一般采用电脑自动记录仪，由于桩体处于地下，只能通过自动记录仪上的流量来观察布袋是否已经注满浆液。称量和运输设备包括符合精度要求的磅秤、材料运输车等。

以春申线路所至上海南联络线布袋注浆桩地基处理施工工艺试验为例，该工艺试验段采用了小型钻机成孔、液压注浆泵注浆、旋涡式浆液搅拌机拌浆方式。

1)主要施工机械为：钻机，灰浆液泵，搅拌机，电焊机，挖机，自卸汽车。

2)施工机械选型

根据该试验段桩长较短、所处位置临近既有线等特点，考虑到接触网安全距离、机械倾覆限界、移机安全及合理工效等因素，选取了HY—50型钻机（钻机长1.2 m，宽1 m，高3 m，钻头分别选取ϕ370 mm、ϕ300 mm、ϕ200 mm三种型号）。灰浆液泵、搅拌机按照满足注浆施工要求选取。

3）以16.8 m长的试验段规模为基准，需要的主要机械设备和主要检测设备种类、机械参数及数量见表3.3—2。

表3.3—2 布袋注浆桩地基处理施工机械、检测设备配备表

序号	机器	型号	数量	序号	机器	型号	数量
1	钻机	HY—50型	1	6	压重平台反力装置		4
2	灰浆液压泵		1	7	高油压千斤顶		1
3	搅拌机		1	8	荷重传感器	YLR—03/100 t	1
4	取芯试验钻机	钻头ϕ108 mm	1	9	电子数字压力显示仪	ZDY—03/100 t	1
5	电焊机		1	10	大量程百分表	0～50 mm	1

3 材料

施工前，施工单位应对使用的原材料送有相应资质的检测单位进行检测，试验合格后，向监理单位提交材料报验单（TA6表，见附表10），附原材料合格证、检测报告，经批准方可进场使用。

监理单位根据实际情况进行见证检验或平行检测。

布袋注浆桩施工的主要材料包括土工织物袋、水泥和粉煤灰等注浆材料。

1）水泥：布袋注浆桩宜采用普通硅酸盐水泥，一般不选用矿渣硅酸盐水泥和火山灰质硅酸盐水泥。水泥标号不应低于P·O 32.5，各项测试技术指标应符合国家现行标准，并附有质量保证书和出厂验收报告单。注浆用水泥应保持新鲜，受潮、结块的不得使用。本试验采用42.5级普通硅酸盐水泥，具体性能指标要求：比表面积300～350 m^2/kg；凝结时间：初凝≥45 min，终凝≤390 min；安定性：沸煮法合格；42.5级水泥强度：3 d和28 d抗压强度分别≥17.0 MPa和42.5 MPa，3 d和28 d抗折强度分别≥3.5 MPa和6.5 MPa。

2)土工织物袋:选用卷筒型尼龙纤维袋,检测指标要求为:单位面积≥230 g/m²,CRB顶破强度≥5.5 kN,等效孔径$\phi 90$为0.07～0.5 mm,撕破强度≥0.9 kN,渗透系数为$1\times(10^{-2}\sim10^{-3})$cm/s。抽样检测频率参照土工合成材料频率,纤维应密集、紧凑,无明显漏洞,保证注入的浆液能膨胀尼龙纤维袋。

3)粉煤灰:粉煤灰的粒度成分是影响粉煤灰质量的主要指标,各种粒度的相对比例会由于原煤种类、煤灰细度以及燃烧条件不同,产生较大差异。一般粉煤灰越细,球形颗粒越多,使水化及接触面越多,越容易发挥粉煤灰的活性。另外,由于烧失量大的粉煤灰往往增加蓄水量,从而降低强度,所以,应选择烧失量低的粉煤灰。具体性能指标要求:细度≤25%,需水量比≤105%,烧失量≤8%。

三项材料的常规检测项目详见表3.3—3。另外,注浆用水应是可饮用的河水、井水及其他清洁水。含有油脂、糖类、酸性大的沼泽水、海水和工业生活废水不得使用。

表3.3—3　布袋注浆桩地基处理施工主要原材料常规检查项目表

序号	材料	常规检测项目
1	42.5级普通硅酸盐水泥	安定性;强度;凝结时间;比表面积
2	40 cm卷筒型尼龙纤维袋	撕破强度;顶破强度;单位面积质量;渗透系数
3	粉煤灰	烧失量;细度;需水量比

以春申线路所至上海南联络线布袋注浆桩地基处理工艺试验为例,施工单位对土工织物袋的撕破强度、顶破强度、单位面积质量、垂直渗透系数等指标进行检测,同一厂家、品种、批号,每10 000 m²为一批,施工单位每批抽样检测1组,监理单位按施工单位抽样数量的20%见证检验,但不少于1次,具体试验报告见图3.3—1。袋装水泥每200 t、散装水泥每500 t为一批,不足以上数量时,也按一批计。施工单位每批抽样检测1组材料的强度、安定性、凝结时间、比表面积;监理单位按施工单位抽样数量的20%见证检验,但不少于1次。粉煤灰同厂家、同编号、同出厂日期每200 t为一批,不足数量也按一批计。施工单位每批抽检1次,监理单位按施工单位抽样数量的10%进行平行检验,但不少于1次。

THB-1

共1页 第1页

上海铁大建设工程质量检测有限公司

土工合成材料检验报告

委托编号：TA20110024

报告编号：TH2011009

委托单位：中铁二十四局

工程名称：沪杭客专一标四工段

工程部位：上海南联络线路基布袋注浆桩

试样名称：纤维袋　　230g/m²

代表数量：————

生产厂家：溧阳市金濑织物有限公司

送样日期：2011 年 03 月 15 日

报告日期：2011 年 03 月 17 日

试验结果：

检 验 项 目		设计要求	检测值	变异系数（%）
撕破强力（kN）	纵向	≥0.9	0.904	7.0
	横向		0.902	6.0
顶破强力（kN）		≥5.5	6.182	3.4
单位面积质量（g/m^2）		≥230	237	7.8
垂直渗透系数（cm/s）		$1\times(10^{-2}\sim10^{-3})$	6.11×10^{-3}	——
结论		按设计要求，所测项目合格。		

说明：1、非本公司抽样的样品检测，本公司仅对来样的检测数据负责。

2、未经本公司批准，部分复制本检测报告无效。

3、检测方法：GB/T13762-2009　　GB/T13763-1992　　GB/T14800-1993　　GB/T15789-2005

4、检测单位信息：(1)地址：真南路 500 号；(2)联系电话：62849407；(3)邮编：200331

见证单位：中铁济南监理公司　　见 证 人：吕宝亮

检验单位：（试验报告专用章）　批准：[签名]　审核：[签名]　试验：[签名]

图 3.3—1　春申线路所至上海南联络线布袋注浆桩地基处理工艺试验土工织物试验报告

3.4 编制作业指导书

1 编制

作业指导书应按照标准化管理理念，将先进成熟的工艺工法、科学合理的生产组织与建设标准、质量目标、安全要求以及现场施工条件结合起来进行编制，做到图文并茂，简明易懂，可操作性强。编制作业指导书前，施工单位应对施工现场进行调查核对，掌握技术规范、验收标准和安全、环保、水保等相关规定，根据国家和铁道部颁布的设计规范、施工指南和验收标准，经审核合格的施工图设计文件，现有施工装备，工艺工法，环境作业条件和试验段实际情况进行编制。

作业指导书由施工单位技术负责人组织专业管理技术人员进行编制。其主要内容包括：

1)适用范围：明确施工作业指导书适用的工程类别、地质、环境等作业条件。

2)作业准备：说明作业开始应具备的条件和应完成的工作，包括工艺试验专项方案、组织机构、工作制度、人员、主要机械设备、材料、施工图复核、地基清表等各项内容。

以春申线路所至上海南联络线布袋注浆桩地基处理工艺试验为例，应当做如下施工准备工作：

现场具备三通一平的条件；对施工范围内的管线等进行迁改，必要时挖探沟进行确认；人员应经过技术及安全培训，熟悉工艺流程及机械性能；组建路基地基处理工艺试验专业施工队伍；机械设备应经过报验并检测合格方可使用；水泥、水、土工织物、粉煤灰等施工原材料应经过试验检测合格方可使用；设置泥浆池；开工报告、试桩方案等手续齐全，办理既有线施工相关手续。

3)技术要求：明确工程类别和项目应达到的技术指标、相应的技术标准。

以春申线路所至上海南联络线布袋注浆桩地基处理工艺试验为例，桩位、桩顶标高、桩长、垂直度、浆液结石率、无侧限抗压强度、单桩承载力应满足设计要求和验标要求。

4)施工程序与工艺流程

按施工准备→成孔→浆液拌制→布袋绑扎、下放→注浆→拔管→补浆→清管移机→试验检测进行施工。

5)施工要求:分解说明作业方法、采取的相关措施、需要控制的内容和参数。

以春申线路所至上海南联络线布袋注浆桩地基处理工艺试验为例,钻进成孔主要控制的内容为桩位偏差,成孔偏斜度,桩顶、桩底标高,孔径偏差等;制浆主要控制浆液配合比;注浆主要控制注浆压力、注浆速度、注浆管提升速度、布袋的绑扎等;补浆主要注意补浆的时机和补浆量。

6)劳动组织:劳动力组织方式,完成施工项目需要的人员构成、数量、使用安排和作业指标符合本指南第3.3节相关规定。

7)材料要求:完成施工项目的材料种类、型号、数量和使用计划、相关技术要求符合本指南第3.3节相关规定。

8)设备机组配置:施工项目需要的设备、机具的型号、性能和数量符合本指南第3.3节相关规定。

9)质量控制及检验:明确施工项目的质量标准、控制要点、检查方法、验收程序及指标。

以春申线路所至上海南联络线布袋注浆桩地基处理工艺试验为例,试验所用的水泥和外掺料品种、规格及质量要符合设计和验标要求;浆液应按设计要求和试验选定的配合比拌制,制备好的浆液要均匀,不得离析;施工单位每班对现场拌制的浆液要有3次以上随机抽样,并交试验部门测试各项指标,观察并用浆液比重计检测浆液密度;桩身完整性、均匀性、单轴抗压强度等指标,在成桩7 d后,通过垂直钻孔取芯检测,观察其完整性、均匀性,强度不小于设计要求;28 d单桩承载力不小于设计要求。

10)安全及环保要求:对危险源进行识别并按照级别进行分级管理,明确施工项目安全方面的注意事项和卡控措施;按照文明施工要求,对施工现场和作业环节进行分析,提出控制要点,制定具体的环境保护措施和要求。

以春申线路所至上海南联络线布袋注浆桩地基处理工艺试验为例。

施工前，应探明地上和地下管线，特殊工种人员应持证上岗，涉及既有线施工的作业人员应经铁路局既有线安全培训合格后上岗，严格按照机械技术操作规程作业；施工用电符合有关规章制度；发生卡钻、停转等异常状况时，严格按照应急处置程序办理；遇到 6 级以上大风，停止施工并放倒钻机；严格控制钻杆长度和注浆管长度，临近既有线施工应保证与接触网回流线的安全距离，桩机移位必须在安全防护措施及把关人员到位后方可实施。

作业现场应保持清洁整齐，水泥浆在储灰罐中集中拌制，搭设防尘棚；注浆过程中，加强观察并在桩位四周设置截水沟，防止冒出的泥浆及水泥浆污染环境；施工过程中要经常检查管道的损坏状况，避免漏浆；施工完毕后不可随意排放多余泥浆；水泥使用完毕后，水泥袋要回收存放，不可随意丢弃；现场设垃圾池，生活垃圾不乱堆、乱放，存放到垃圾池内集中处理。

2　审查

作业指导书编制完成后，施工单位应报监理单位审查，并根据监理单位的审查意见进行修改、完善后，报项目管理机构。项目管理机构应根据项目情况及质量验收标准，组织监理、设计等对施工单位编制的作业指导书进行审核，确认。作业指导书报审表见附表 11。

作业指导书不得与验标、技术条件发生矛盾。作业指导书经审查后，施工单位应及时发布，针对不同人员及需要将作业项目内容及资料进行摘要，并下发至现场管理人员及相关作业人员，在实施中要积极组织现场作业交底和人员培训，确保施工现场负责人、技术人员及主要作业人员全面掌握作业指导书内容和要求。

3.5　技术交底

1　设计技术交底

工艺试验实施前，由项目管理机构组织设计、监理、施工单位相关人员进行设计技术交底。设计技术交底前，项目管理机构提前将施工图交付施工、监理单位；设计单位认真做好交底准备工作；施工、监理单位在现场核对的基础上，提出需要明确的问题和建议，保证交底质量。设计单位针对施工图，就设计主导思想、内容和施工注意事项，向施工、监理等单位进行说明，如对试验数量、原材料、施工工艺及参数、试验方法及频次、试验成果等方面的要求进行说明，解答施工、监理等单位提出的有关问题。设计技术交底的主要内容包括：

1)设计说明。主要介绍设计依据、设计原则、设计文件组成及内容、设计范围及内容(包括起止里程、设计相关数据等)、工程条件(地质、水文等自然条件)、主要技术规范与质量标准(包括工艺参数范围、试验检测、原材料要求等)、技术安全措施。

2)施工方法和施工注意事项。主要介绍关键工序的施工技术要求、检测要求、施工注意事项及采取的施工安全措施。

3)文件中尚未说明的问题。主要介绍施工图文件完成时尚未明确及需要建设、施工单位和地方进一步协调配合解决落实的问题。

设计技术交底结束后，应形成交底纪要，并及时分发给各参加单位并存档。纪要内容包括：技术交底主持人、技术交底人员、设计技术交底内容，施工、监理单位参加人员，对建设、施工、监理等单位所提问题的答复及存在问题的处理意见，待定问题解决时间等。

2 施工技术交底

施工单位项目技术负责人及技术主管人员应根据批准的专项方案，采取集中说明和现场交底相结合的方式，有针对性地进行交底。交底要细致全面，讲求实效，不能流于形式，要交到基层施工班组和作业人员，使施工人员明确和掌握施工工艺、质量标准、安全技术措施要求，明确工程材料、工艺、质量、安全、环保、进度要求和所采用的规范、验收标准等。

施工技术交底应依据设计文件和设计技术交底纪要，按项目总工程师→技术主管→作业队技术负责人→班组长及全体作业人员程序进行交底。交底后，应形成技术交底纪要，附必要的图表；参加技术交底人员签字确认，加盖项目部技术部门公章后生效，并纳入工程档案。施工技术交底记录表见附表12。

1)项目总工程师对项目部各部室及技术人员的技术交底，主要包括：工艺试验概况(试验段地点、数量)、设计图纸、试桩方案、施工顺序及进度计划安排；施工现场调查情况(管线、地质情况、周边构建筑物等)、施工场地布局(泥浆池、材料堆放、便道、标识标牌位置等)、临时设施；施工工艺(成孔、制浆、注浆、拔管、补浆)；施工的重点难点(浆液配合比控制、压浆泵压力控制等)，主要危险源(既有线、施工用电、机械设备等)；主要材料设备、主要施工装备、劳动力安排；施工技术和质量标准，技术安全环保措施；施工中应注意的问题等。

2)技术主管人员对作业队技术负责人进行技术交底，主要内容包括：施工组织安排、作业指导书、分项工程交底；作业场所、作业方法、操作规程及施工技术要求；工程质量、安全环保等施工方面的具体措施及标准；有关试验参数；测量放样桩橛、测量控制网、监控观测等；成品保护方法及措施；施工注意事项等。

3)作业队技术负责人向班组长及全体作业人员的技术交底，主要内容包括：作业标准、规范及验收标准，工程质量要求；施工工艺流程及施工先后顺序；施工工艺细则、操作要点及质量标准；质量问题预防及注意事项；施工技术措施和安全技术措施；出现紧急情况下的应急救援措施等。技术交底记录表见附表12。

以春申线路所至上海南联络线布袋注浆桩地基处理工艺试验为例，作业队技术负责人向班组长及全体人员技术交底的主要内容包括：

(1)施工准备：人员配置及资格，原材料检测及进场，机械和检测设备参数符合本指南第3.3节规定。

(2)钻孔作业由技术负责人向班组长、钻机操作人员进行交底，主要内容包括钻孔直径、钻孔深度、钻进速度、钻机操作规程、钻机操作作业过程中的安全注意事项等。

(3)浆液拌制由作业技术负责人向班组长、浆液拌制作业人员进行交底，主要内容包括水、水泥、粉煤灰等原材料用量、测定方法和拌制顺序，浆液比重的复核测定方法、工具和频次，原材料的堆放位置，粉尘的防护方法，浆液拌制作业过程中的安全注意事项等。

(4)布袋绑扎及注浆管下放由作业技术负责人向班组长、注浆管及布袋绑扎作业人员进行交底，主要内容包括布袋绑扎的方法、注浆管下放的方式和长度、布袋绑扎及注浆管下放作业过程中的安全注意事项。

(5)注浆及补浆由作业技术负责人向班组长、注浆作业人员进行技术交底，主要内容包括注浆压力范围、注浆管提升速度、注浆设备的定期检查内容、注浆量控制、补浆时机及补浆量、注浆设备的清洗方法、注浆及补浆作业过程中的安全注意事项。

3 监理交底

监理单位总监理工程师应依据设计文件和设计技术交底纪要组织路基、测量、试验、安全专业监理工程编制监理技术交底书。施工前，监理单位总监理工程师应组织参与工艺试验的监理人员集中学习监理技术交底书，对重要事项进行专题布置。监理单位应按“总监理工程师→监理工程师→监理员”两级交底程序向参与工艺试验的监理人员进行现场交底。交底后，监理单位应形成技术交底纪要，附必要的图表，参加技术交底人员签字确认，加盖监理单位公章后生效。监理技术交底记录表见附表12。

监理交底主要内容包括施工方案、施工工艺、质量标准、作业标准、机械设备、材料及工装设备、监理工作范围及重点、监理工作流程、监理工作控制要点、目标、监控手段、检测方法、安全措施及施工注意事项等。

以春申线路所至上海南联络线布袋注浆桩地基处理工艺试验为例，监理交底主要内容如下：

(1)施工准备：地质复核、人员配置、机械设备选型、材料质量控制等。

(2)监理工作流程。

(3)监控重点：原材料检测，桩位偏差，成孔偏斜度，桩顶、桩底标高，浆液配合比，浆液比重，布袋绑扎，注浆压力，注浆速度，注浆管提升速度，补浆时机和补浆量，桩身完整性、均匀性、7 d单轴抗压强度，单桩承载力。

(4)监控手段：采取巡视、旁站、抽检三种方式进行控制，三种不同方式监理的重点内容。

(5)检验数量和方法：

根据《铁路路基工程施工质量验收标准》、《铁路混凝土施工质量验收标准》、《铁路工程地基处理技术规程》、《铁路工程土工试验规程》规定，测量检查桩位、桩顶和桩底标高、垂直度；检孔器检查孔径偏差；比重仪测量浆液比重；钻孔取芯观察桩身完整性、均匀性；无侧限抗压强度检验 7 d 单轴抗压强度；静载试验检验单桩承载力。

4 试验过程

布袋注浆桩施工工艺流程分为:施工准备→成孔→浆液拌制→布袋绑扎、下放→注浆→拔管→补浆→清管移机→试验检测,施工工艺流程图见图4—1。

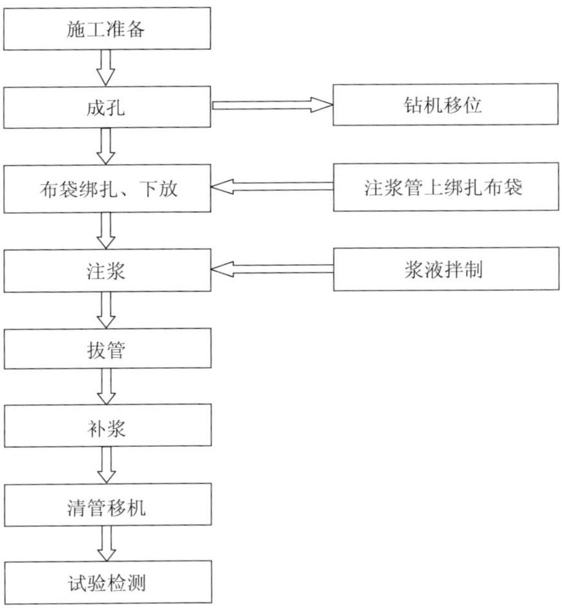

图4—1 工艺流程图

4.1 施工准备

施工前,施工单位对施工场地进行清表、平整,对路基中线、桩位放样和地面标高完成复核。

全面检查注浆设备与材料、拌浆贮浆系统、高压注浆管、压力表、水、电及其他机械零件，并用清水试泵，对钻机、压浆泵检测合格，经监理同意后方可进场；确定浆液配合比；现场设置好文明施工及安全质量的标识标牌。

施工前，应做好防、排水设施，尽量做到永临结合；及时办理完成开工报告相关手续；临近营业线施工，必须按营业线施工管理相关要求，与相关设备管理单位签订安全协议、施工前及时通知相关设备管理单位到场监护。

4.2 成　　孔

施工单位根据桩位放样结果，按照专项方案要求，根据现场实际情况选择适宜的钻机并比选钻头直径，进行钻孔施工。成孔设备可选用工程地质钻机、GPS—10 型正循环钻机、DZ60KS 型振动锤沉管机等。其中，工程地质钻机的功率较小，进尺较慢，软塑土层成孔后易缩径，适用于桩长较短地段；循环钻机功率稍大，进尺稍快，软塑土层中易缩径，属非挤土成桩，穿透能力强，无振动，低噪声；振动沉管设备功率大，成孔快，对桩间土具有挤(振)密效应，布袋及注浆管安装方便，适用桩长较长且无周边建(构)筑物影响的地段。成孔钻进时可用清水循环，对于易坍孔地层采用泥浆循环。施工顺序采用间隔跳打的方式，若一侧有重要建(构)筑物或铁路既有线时，应按照由内向外依次向远离建(构)筑物方向跳排施工。钻机操作人员负责钻机正确就位，钻机应用水准尺校平，保证机身水平，钻孔垂直偏差<1%。钻进过程中，钻机操作手控制钻孔孔径、深度、垂直度和钻进速度，并作好孔深、回水颜色、土层情况及各种异常情况等原始施工记录，按技术交底要求钻至设计标高。

现场监理应复核桩位、孔径、桩长、垂直度；现场设计配合人员对地质条件进行复核确认，形成记录表。

以春申线路所至上海南联络线布袋注浆桩地基处理工艺试验为例，布袋注浆桩施工地点 K7＋275～K7＋291.8，位于既有沪春线南侧，设计为横向 6 排桩布置，设计桩长 10 m，桩径 ϕ40 cm，桩距

1.2 m,按正方形布置,最近一根桩距既有线 3.8 m,最远一根桩距既有线 9.8 m。考虑钻机倾覆侵入既有线限界、钻杆与接触网安全距离限制及桩机移位要求等因素,成孔钻机尽可能采用机身相对低矮、对周边铁路既有线振动及挤土影响较小的机型;同时,考虑到桩长较短,所以对选用的钻机功率要求不高。经比选,现场采用 HY—50 型泵机一体式工程钻机施工,钻机高度 3.0 m、宽度 1 m、长度 1.2 m,开孔直径分别为 ϕ370 mm、ϕ300 mm、ϕ200 mm,标准管节钻杆 1.5 m 一节。

根据现场试验,该桩长段成孔时间约 45 min。钻机成孔见图 4.2—1。

图 4.2—1 钻机成孔

为确定钻头直径,现场根据试验对三种钻头的成桩结果进行比选。综合考虑成桩效果、水泥浆用量、桩身完整性、单桩承载力、泥浆排出量、周围土体的挤密效果等因素,最终确定选用 ϕ300 mm 钻头进行钻孔。三种钻头比选结果见表 4.2。

表 4.2　不同直径钻头成桩效果对比分析表

编号	钻头大小(mm)	优　点	缺　点
1	ϕ200	成桩过程中对周围土体的挤密效果好，可适当节约材料用量，排出的泥浆量较少	成桩效果很差，水泥浆用量不能达到≥125 L/m 的设计要求，且桩径无法保证
2	ϕ300	成桩效果好，桩身完整性、单桩承载力、水泥浆用量都能符合设计要求	水泥浆用量较大，排出的泥浆量较多
3	ϕ370	成桩效果好，桩身完整性、单桩承载力都能符合设计要求	水泥浆用量大，排出的泥浆量多，成桩过程中对周围土体的挤密效果不是很好

钻机就位时，应由专业人员检查钻杆前后左右垂直度，应使钻头对准桩位中心，确保钻杆垂直度容许偏差不大于 1%。钻孔开始时，向下移动钻杆至钻头触地时，启动马达钻进，先慢后快，同时检查钻孔的偏差并及时纠正。在成孔过程中发现钻杆摇晃或难钻时，应放慢进尺，防止桩孔偏斜、位移和钻具损坏。钻进时发生卡钻应停止钻进，先提升钻杆后慢速档试钻，仍不能钻进时，应及时提钻。根据钻杆进尺，成孔到达设计标高时，停止钻进。钻进过程中要同步做好地质情况核实工作，保证成孔效果，防止坍孔。

施工单位按照设计要求，参考验标桩基施工标准，对孔径、孔深、垂直度偏差全部测量检查。其中，钻孔深度为设计孔深，偏差≤−100 mm，通过记录孔内钻杆数量，并用钢尺丈量孔外钻杆长度计算；成孔垂直度通过经纬仪或直接吊线测钻杆垂直度测量，垂直度偏差要求小于 1%。监理单位对相关指标进行平行检验。施工单位对钻孔用泥浆比重随时用比重计进行检查，监理单位见证试验。钻孔成桩后形成施工记录表见图 4.2—2。

沪杭铁路客运专线

布袋注浆桩钻孔记录表

编号：　　　　　　　　　　　　　　　　　　　　　　第　　页共　　页

施工标段	沪杭铁路客运专线一标	施工单位	中铁二十四局		桩号	钻机类型及编号	HY-150
单位工程名称	沪杭客专上海南联络线工程	起讫时间	2011 年3月18日至2011年3月18日		K7+275-6	钻头类型及直径	370mm
设计桩径（m）	0.4	设计桩长（m）	10	/			
设计桩顶标高（m）	3.35	设计孔底标高（m）	-6.65	/		循环方式	正循环

月 日	时间 起	时间 止	工作内容	钻杆长度 本次	钻杆长度 累计	钻进深度（m） 本次	钻进深度（m） 累计	孔底标高（m）	地质描述	泥浆比重
2011.3.18	14:28	14:33	钻孔		2	1.5	1.5	1.85	粉质黏土	1.1
	14:33	14:35	加杆	1.5	3.5			/	/	/
	14:35	14:41	钻孔			1.5	3	0.35	淤泥质黏土	1.1
	14:41	14:43	加杆	1.5	5			/	/	/
	14:43	14:48	钻孔			1.5	4.5	-1.15	淤泥质黏土	1.1
	14:48	14:50	加杆	1.5	6.5			/	/	/
	14:50	14:55	钻孔			1.5	6	-2.65	淤泥质黏土	1.1
	14:55	14:56	加杆	1.5	8			/	/	/
	14:56	15:02	钻孔			1.5	7.5	-4.15	淤泥质黏土	1.1
	15:02	15:04	加杆	1.5	9.5			/	/	/
	15:04	15:11	钻孔			1.5	9	-5.63	淤泥质黏土	1.1
	15:11	15:13	加杆	1.5	11			/	/	/
	15:13	15:22	钻孔			1	10	-6.65	淤泥质粉质黏土	1.1

图示

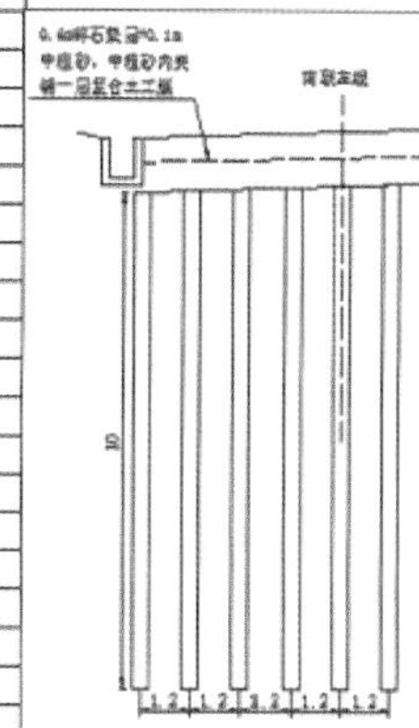

记录：张　　　　质检工程师：　　　　施工负责人：

图4.2—2 布袋注浆桩钻孔记录表

4.3 浆液拌制

水泥是布袋注浆桩浆液的主要成分，一般采用42.5级普通硅酸盐水泥，浆液拌制要严格控制水胶比（水∶水泥∶粉煤灰），加入的水要用容器计量，使用灰浆搅拌机拌制，每次搅拌时间不少于3 min。为改善水泥的和易性，提高水泥浆液的强度和耐久性，在制作水泥浆液时，可掺入适量的外加剂，如三乙醇胺、木质素磺酸钙等。三乙醇胺是一种早强剂，可增加桩的早期强度。木质素磺酸钙主要起减水作用，能增加水泥浆的稠度，有利于泵送，掺入量可为水泥用量的0.2%。置备好的水泥浆不得停置时间过长，在1 h内注浆完成，浆液在灰浆搅拌机中要不断搅拌。

制备好的水泥浆液不得离析，水泥浆要严格按设计的配合比配置，并预先筛除水泥中的结块。为防止水泥浆离析，可在灰浆搅拌机中不断搅拌，待压浆前才缓缓倒入储料斗中。水泥浆从灰浆搅拌机中倒入储料斗中时，经由孔径3 mm孔筛过滤，清除杂物。储料斗容量要能保证注浆连续不中断。

施工单位根据每阶段成桩质量及补浆量及时调整确定浆液配合比，浆液拌制人员按照配合比的要求进行拌制。重点控制水泥、粉煤灰、水等原材料用量，同时测量水泥浆黏度、比重和析水率，复核浆液配合比。作业队每班对浆液的质量应有3次以上的随机抽测，浆液基本性能应达到黏度30～35 s，比重1.4～1.5，析水率<3%。

现场监理对水泥浆黏度、比重和析水率进行见证或平行检测；现场设计配合人员核对水泥浆配合比是否满足设计要求。

以春申线路所至上海南联络线布袋注浆桩地基处理工艺试验为例，采用42.5级普通硅酸盐水泥，为选取最佳效果，水胶比选取三种，分别为：1∶0.75∶0.65，1∶0.8∶0.65，1∶0.65∶0.55（水∶水泥∶粉煤灰），使用灰浆搅拌机拌制均匀，制备好的水泥浆在1 h内注浆完成。经现场对不同浆液配合比成桩效果及补浆量对比分析，最后选用1∶0.8∶0.65的水胶比。现场水胶比对比分析结果见表4.3。

表 4.3 水胶比对比分析表

编号	水胶比	优点	缺点
1	1∶0.8∶0.65	补浆次数少，成桩质量好，结石率高	水泥和粉煤灰用量相对较多
2	1∶0.75∶0.65	成桩质量较好	补浆量较大，次数多，结石率不高
3	1∶0.65∶0.55	水泥、粉煤灰用量相对较少	补浆次数多，补浆量大，结石率太低

4.4 布袋绑扎、下放

施工单位根据设计要求选用布袋、注浆管的型号和材质，经检测合格并报监理同意后方可进场。在成孔后，校验孔位、孔深及垂直度，均满足设计和规范要求后，将布袋按要求绑扎在注浆管上，检查合格后下放。重点控制下放的布袋与注浆管的长度、绑扎质量和注浆管的连接质量。

现场监理对布袋和注浆管的长度、绑扎质量进行见证，对注浆管的连接质量进行随机检查。

以春申线路所至上海南联络线布袋注浆桩地基处理工艺试验为例，注浆管采用 ϕ40 mm、壁厚 3 mm 的钢管，布袋选用 ϕ400 mm 卷筒型尼龙纤维袋。

注浆管起到注浆通道和布袋导向撑的作用，分为标准管节和带眼管节。标准管节长 1.5 m，管节间以丝扣连接；带眼管节长 0.8 m，管壁钻有孔径 ϕ20 mm、间距 100 mm 的注浆孔眼，呈梅花状布置，管节底口封端并套有塑料堵头。带眼管节与标准管节以丝扣连接，安装在注浆管底端，浆液从带眼管节的孔眼中喷出注入布袋。

钻机成孔后及时下放套有布袋的注浆管，第一节注浆管连同绑好的布袋放入后，用钻机悬吊进行第二节接长，依次进行。管子连接要紧密，直至布袋下放到设计桩底，注浆管上端露出地面 0.5 m 以上。布袋按照设计注浆长度套在注浆管上，布袋的底端向上 300 mm，用细铁丝绑扎两道，并检查是否扎紧，以免底部泄浆。中部每隔 0.5 m 左右用铁丝绑扎一道。上端绑扎位置在设计桩顶 0.5 m 以上，用 14# 铁丝将其和塑料套环扎牢。塑料套环套在注浆管上，与注浆管能相对滑动，注浆完毕后，保证注浆管能顺利拔出已经撑开的布袋，在带眼管节下端套有的塑料堵头会将塑料套环堵塞住，避免注入的浆液外溢。套有布袋的注浆管见图4.4—1，布袋绑扎见图4.4—2，布袋下放见图4.4—3。

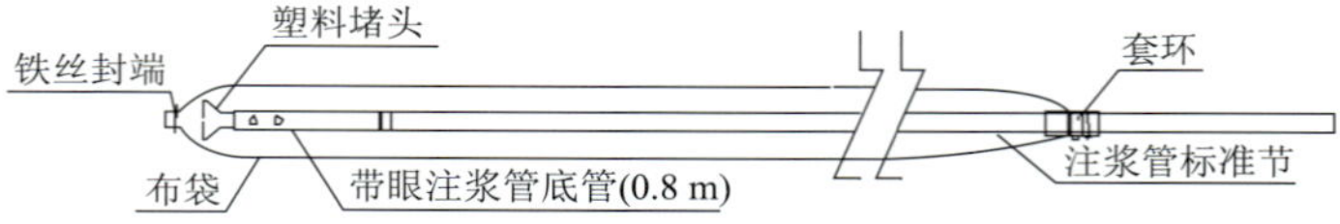

图 4.4—1 套有布袋的注浆管

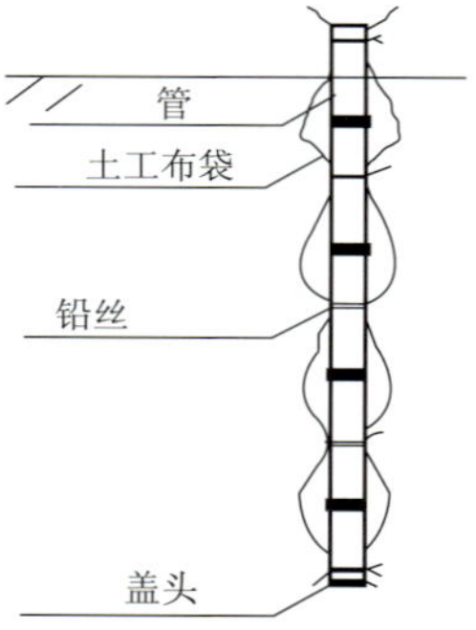

图 4.4—2 布袋绑扎

图 4.4—3 布袋下放

4.5 注 浆

施工单位确定好每根桩的注浆量、注浆速度、注浆压力等参数，经检查注浆设备合格后，注浆人员将制备好的浆液倒入储料斗，开动设备注浆，严格按照确定的注浆量、注浆速度、注浆压力进行操作。注浆人员随时检查注浆设备压力表的读数，并注意控制注浆量、注浆泵的压力值、注浆管的提升速度等，当桩顶标高达到设计标高后停止注浆。注浆过程应保持连续，并作好施工记录。施工原始记录应做到全面、准确，及时、如实地反映实际情况。

现场监理检查注浆量、注浆泵的压力值、注浆管的提升速度等是否符合要求。

以春申线路所至上海南联络线布袋注浆桩地基处理工艺试验为例，采用注浆管插到底直接注浆和注浆管边拔边注浆两种方法。采用边拔管边注浆方式时，注浆应遵循自下而上，逐节压浆的原则。考虑到本工程的桩长较短，也可考虑采用注浆管插到底直接注浆的方法，但更要注重对注浆压力与注浆速度的协调配合，避免桩身全长范围内因为注浆压力不一致造成桩身直径偏差过大，即桩底压力大而过度膨胀，桩身上部压力不足未充分膨胀。根据现场实践，注浆压力按照 0.2～0.6 MPa 控制，从钻芯取样的效果和用浆量两方面来看，由于管壁钻有孔径 ϕ20 mm、间距 100 mm的注浆孔眼，两种方法效果差别不是很大，考虑到施工工效，可以考虑选择注浆管插到底直接注浆的方式。注浆过程见图 4.5—1。

图 4.5—1 注浆

施工过程中，要注意制备好的水泥浆液不得离析，水泥浆从灰浆搅拌机中倒入储料斗中时经由孔径 3 mm 孔筛过滤，去除杂物，经胶管与储料斗、注浆管连接。开动灰浆泵注浆，电磁流量计测定浆液流量，注浆速度保持在 50～75 L/min，注浆压力保持在 0.2～0.6 MPa。布袋注浆施工示意图见图 4.5—2，注浆记录表见图 4.5—3。

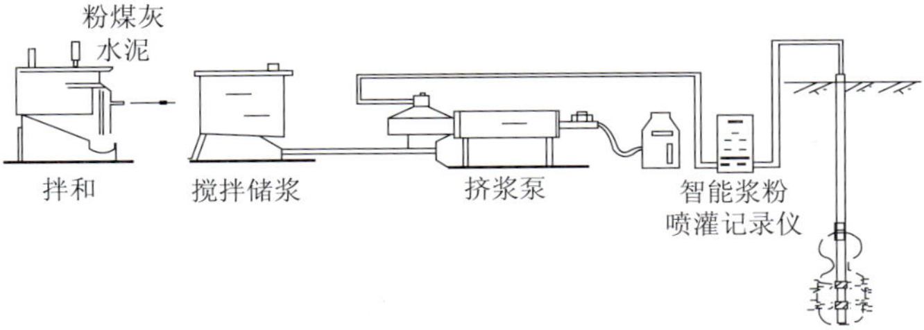

图 4.5—2 布袋注浆施工示意图

沪杭铁路客运专线

布袋注浆桩注浆记录表

编号：　　　　　　　　　　　　　　　　　　　　　　　　　　　　　　第　页共　页

标段名称	沪杭铁路客运专线一标	施工单位	中铁二十四局
单位工程	沪杭客专上海南联络线	起讫时间	201 年3月18日 至 201 年3月18日
施工里程	K7+275　桩位编号　K7+273-6		钻机编号　HY-150
直径(cm)	40　设计桩长(m)　10	水泥浆比重(t/m³)　1.6	实测水泥浆比重(t/m³)　1.62

年月日	时间			工作内容	注浆长度(m)			注浆量(L)			注浆管拆除(m)		地质情况描述	注浆压力(MPa)	施工过程中重要事件记录
	起	止	小计		编号	本次	累计	设计本次	实际本次	累计	本次	累计			
2011.3.18	15:54	15:58		注浆		1.5	1.5		190	190			淤泥质粘土	0.4	无
	15:58	16:00		拆管							1.5	1.5	/	/	/
	16:00	16:04		注浆		1.5	3		189	379			淤泥质粘土	0.5	无
	16:04	16:05		拆管							1.5	3	/	/	/
	16:05	16:08		注浆		1.5	4.5		188	567			淤泥质粘土	0.4	无
	16:08	16:09		拆管							1.5	4.5	/	/	/
	16:09	16:13		注浆		1.5	6		190	757			淤泥质粘土	0.3	无
	16:13	16:14		拆管							1.5	6	/	/	/
	16:14	16:18		注浆		1.5	7.5		189	946			淤泥质粘土	0.3	无
	16:18	16:19		拆管							1.5	7.5	/	/	/

记　录：张宾宾　　　　质检工程师：邓建贤　　　　施工负责人：章朔平

图4.5—3　布袋注浆桩注浆记录表

4.6 拔　管

根据不同的注浆方式，施工单位采用不同的拔管方式。当采用边拔边注浆的方法时，根据注浆速度、每延米设计注浆量和每次拔管的长度确定拔管时间，每次提管高度一般为每节注浆管的高度，逐根拔管。拆卸注浆管前，应打开回流阀释放管内压力，剩余一根注浆管，等待补浆。采用注浆管直接插到底一次注浆的方法时，当达到设计桩顶标高停止注浆后，立即一次性拔管，剩余一根注浆管，等待补浆。

拔管过程中施工人员要注意控制注浆压力、注浆管拔升的高度，保持与周边高压线等危险源的安全距离，监理单位对拔管过程进行旁站。拔管速度要与注浆桩直径、注浆速度相协调，以保证注浆充分。

以春申线路所至上海南联络线布袋注浆桩地基处理工艺试验为例，采用边拔边注浆的方法时，每延米注浆量达到不小于 125 L 时开始缓慢拔管进行下一节注浆。拔管过程中，如果压力低于 0.2 MPa 停止拔管，当压力达到 0.2～0.6 MPa，持续 1 min 再缓慢拔管，推算布袋已充满浆液，即可停止注浆。采用注浆管直接插到底一次注浆的方法时，压力保持在 0.2～0.6 MPa，直接注浆到布袋已充满，即可停止注浆。拔管照片见图 4.6。

图 4.6　拔管

4.7 补　　浆

在拔管结束后，浆液初凝前，根据现场实际情况确定补浆量，施工单位及时进行补浆，补浆方法、控制要求参照注浆实施，补浆的次数以确保桩顶能够达到设计标高来确定。

施工人员要注意控制补浆时机和补浆量；现场监理检查补浆是否达到设计桩顶标高。

以春申线路所至上海南联络线布袋注浆桩地基处理工艺试验为例，每根桩注浆完成后，由于浆液中水分在压力作用下往布袋外渗透，布袋中的浆液体积减少，桩顶下降，桩顶达不到设计标高，桩长不足，从而需要进行补浆。补浆量和浆液水胶比、注浆压力、桩径等因素相关，补浆次数根据现场实际情况确定。一般情况补浆量相对较大，本试验 10 m 桩长的桩身换算补浆长度达到 4～5 m，所以，补浆也是注浆施工过程中非常重要的一道工序。根据试桩情况，补浆时机适宜在注浆完成后 1 h 左右，补浆次数一般为 1～3 次，采用的水胶比越小，补浆量和补浆次数越少。本次工艺试验浆液配合比为 1∶0.8∶0.65 时，补浆1～2 次，补浆量约 610 L；浆液配合比为 1∶0.75∶0.65 时，补浆 2～3 次，补浆量约 660 L；浆液配合比为 1∶0.65∶0.55 时，补浆 3 次，补浆量约 710 L。补浆照片见图 4.7。

图 4.7　补浆

4.8 清管移机

补浆结束后,施工人员及时清理压浆管,注浆机具设备移动到新孔位进行注浆。移机时,施工单位要注意钻机的移动平稳,采取防倾覆措施,安排专人防护。临近既有线按照营业线施工有关规定落实专人把关,实行"一机一人"等防护措施。移机作业照片见图 4.8。

图 4.8 移机进行下根桩成孔

4.9 试验检测

布袋注浆桩施工结束后,应及时进行成桩检测,桩身完整性、均匀性、单轴抗压强度、单桩承载力必须符合设计要求。由专业检测单位抽样检验,监理单位全部见证检验。主要检测方法:成桩 7 d 后,通过垂直钻孔取芯检测,观察其完整性、均匀性,水泥结石 7 d 强度不小于 2.4 MPa;成桩 28 d 后,进行单桩承载力检测,承载力不小于设计要求。

以春申线路所至上海南联络线布袋注浆桩地基处理工艺试验为例,布袋注浆桩施工完成后,由第三方检测单位——湖南中大勘测设计研究院分别于 2011 年 3 月 25 日和 4 月 6 日对试验桩进行了 7 d 钻芯取样检测,2011 年 4 月 27 日对试验桩进行了 28 d 单桩承载力检测,并由第三方检测单位出具了“7 d钻芯取样检测报告”和“28 d单桩承载力检测报告”。现场取芯照片见图4.9—1。检测报告见图4.9—2、图4.9—3。

图4.9—1 K7+275—6(370 mm钻头)取芯照片

7 d钻芯取样检测：桩身单轴无侧限抗压强度测试，每根桩取芯样数量不少于3件，取样位置应取有代表性部位，然后综合分析评判桩身的单轴抗压强度。实际检测数据分别为2.50 MPa、2.42 MPa，结论为：加固体单轴无侧限抗压强度均不小于2.4 MPa，满足设计要求。通过全长取芯，观察桩身完整性、均匀性符合设计要求，浆液结石率不小于75%。

28 d单桩承载力检测：成桩28 d后，进行单桩承载力检测。试验时桩头挖到设计桩顶标高，将桩顶表面凿平，并用细沙找平，桩顶表面处于水平状态时，将载荷板水平安放在试桩中间后开始测试。试验按单桩承载力设计值的2倍200 kN设置，分十级进行加载，其中第一、二级合并为一级，其他等量加载；卸载时，按每级加荷量的2倍均匀卸载。慢速维持荷载法进行测读。试验结论：最大加载200 kN时，最大沉降17.05 mm，最大回弹9.97 mm，回弹率58.48%，极限承载力不小于200 kN。满足单桩承载力设计值100 kN要求。

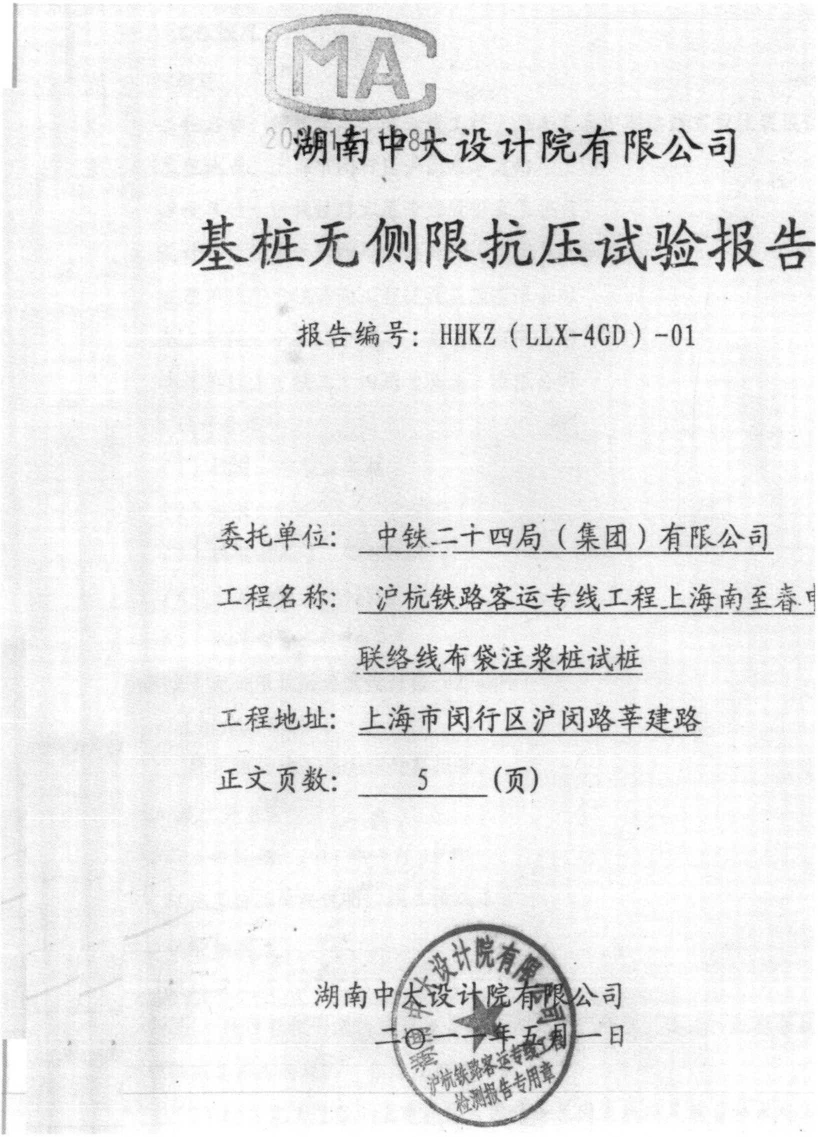

湖南中大设计院有限公司

基桩无侧限抗压试验报告

报告编号：HHKZ（LLX-4GD）-01

委托单位：中铁二十四局（集团）有限公司

工程名称：沪杭铁路客运专线工程上海南至春申联络线布袋注浆桩试桩

工程地址：上海市闵行区沪闵路莘建路

正文页数：5（页）

湖南中大设计院有限公司

二〇一一年五月一日

图 4.9—2　7 d 钻芯取样无侧限抗压强度检测报告

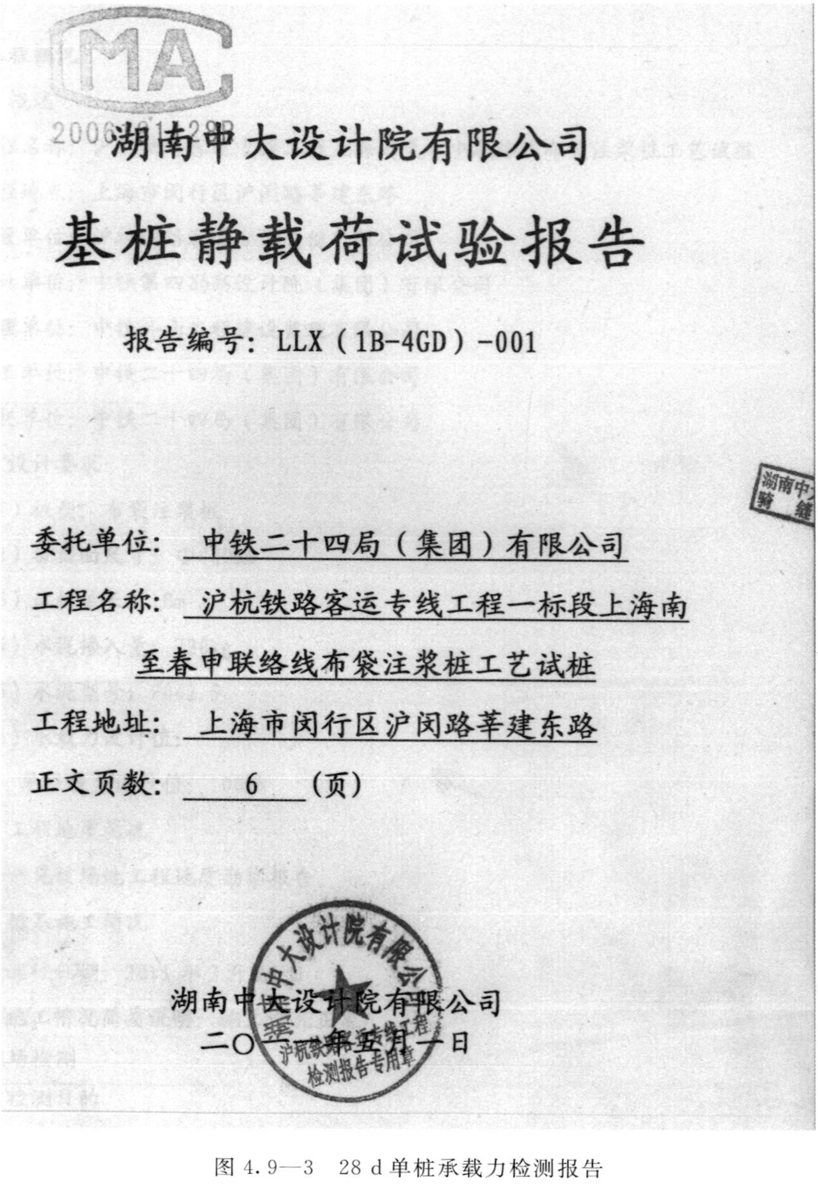

湖南中大设计院有限公司

基桩静载荷试验报告

报告编号：LLX（1B-4GD）-001

委托单位：中铁二十四局（集团）有限公司

工程名称：沪杭铁路客运专线工程一标段上海南至春申联络线布袋注浆桩工艺试桩

工程地址：上海市闵行区沪闵路莘建东路

正文页数：6（页）

湖南中大设计院有限公司

二〇一一年五月一日

图 4.9—3　28 d 单桩承载力检测报告

5 评估总结

5.1 验收程序

试验结束后，施工单位主要负责人应组织项目总工程师和路基、测量、试验、质量、安全等专业工程师对试验段进行自检，编制试验段工艺试验总结报告。自验收合格后，报监理单位初评估。工艺试验总结报告主要内容包括：工程概况，试验段概述，施工工艺流程，试验参数，相关数据、影像资料，工程总结，自评估报告等。施工单位工程总结主要内容包括：工程概况，工程施工方法，机械设备选型，浆液配合比，注浆方式，注浆压力，注浆速度，补浆量，组织机构的设置及劳力组织，工程质量控制措施，安全环保措施的有效性及改进措施，工程质量自评情况，工程试验、材料试验报告。

监理单位总监理工程师应组织施工单位项目负责人、工艺试验相关参与人员和项目监理机构工艺试验相关参与人员对施工单位试验段工艺试验总结报告进行审查，对试验段工程实体、内业资料和观感质量进行验收。验收合格后，形成试验段初评估报告，会同施工单位试验段工艺试验总结报告一并报项目管理机构。

项目管理机构分管负责人应组织施工单位项目负责人、主要参与人员，监理单位总监理工程师、主要参与人员，勘察设计单位项目总体、专业设计人员，对初评估报告、施工单位试验段工艺试验总结报告进行审查，对试验段工程实体、内业资料和观感质量进行验收。复评估合格后，形成试验段复评估报告，填写试验段验收表和试验段验收评估申请表，报铁路局。试验段验收表见附表13，试验段验收评估申请表见附表14。

以春申线路所至上海南联络线布袋注浆桩地基处理工艺试验为例，试验段验收表见图5.1—1，工艺试验验收评估申请表见图5.1—2。

附件 5：

工艺试验验收表

<table>
<tr><td colspan="2">工程项目名称</td><td colspan="2">沪杭客专上海南联络线工程</td></tr>
<tr><td colspan="2">试验里程及长度</td><td colspan="2">K7+275-K8+500</td></tr>
<tr><td colspan="2">所属标段</td><td colspan="2">沪杭客专站前一标</td></tr>
<tr><td colspan="2" rowspan="3">项目管理机构</td><td>单位名称</td><td>沪杭客专公司</td></tr>
<tr><td>主管人员</td><td>温希华</td></tr>
<tr><td>联系电话</td><td></td></tr>
<tr><td colspan="2">计划开工日期</td><td colspan="2">2011 年 3 月 17 日</td></tr>
<tr><td colspan="2">计划完工日期</td><td colspan="2">2011 年 4 月 3 日</td></tr>
<tr><td colspan="2">检查项目</td><td>要求</td><td>检查意见</td></tr>
<tr><td rowspan="4">项目管理机构</td><td>施工图审核</td><td>完成</td><td>情况属实</td></tr>
<tr><td>技术交底审查</td><td>完成</td><td>情况属实</td></tr>
<tr><td>作业指导书审查</td><td>完成</td><td>情况属实</td></tr>
<tr><td>试验段计划审批</td><td>完成</td><td>情况属实</td></tr>
<tr><td rowspan="5">施工单位</td><td>专项施工方案</td><td>已通过审批</td><td>已审批</td></tr>
<tr><td>技术交底</td><td>齐全完备</td><td>齐全</td></tr>
<tr><td>作业指导书</td><td>齐全完备</td><td>齐全</td></tr>
<tr><td>专业施工队伍</td><td>人员配备齐全</td><td>人员到位</td></tr>
<tr><td>质量自控体系</td><td>齐全完备</td><td>齐全</td></tr>
<tr><td rowspan="4">监理单位</td><td>专项监理细则</td><td>完成</td><td>已完成</td></tr>
<tr><td>专项施工方案</td><td>已审查</td><td>已完成</td></tr>
<tr><td>监理人员配备</td><td>满足要求</td><td>满足要求</td></tr>
<tr><td>平行检测或见证检测</td><td>满足要求</td><td>满足要求</td></tr>
<tr><td rowspan="2">设计单位</td><td>技术交底</td><td>已完成</td><td>已完成</td></tr>
<tr><td>配合人员</td><td>有</td><td>有</td></tr>
</table>

本表一式二份，由项目管理机构填写，建设处、项目管理机构各一份。

图 5.1—1　春申线路所至上海南联络线布袋注浆桩工艺试验试验段验收表

附件6:

工艺试验验收评估申请表

<table>
<tr><td>工程项目名称</td><td colspan="2">沪杭客专上海南联络线工程</td></tr>
<tr><td>试验性质</td><td colspan="2">路基布袋注浆桩工艺性试验</td></tr>
<tr><td>试验里程及长度</td><td colspan="2">K7+275～K8+500</td></tr>
<tr><td>所属标段</td><td colspan="2">沪杭客专站前一标</td></tr>
<tr><td rowspan="3">项目管理机构</td><td>单位名称</td><td>沪杭客专公司</td></tr>
<tr><td>主管人员</td><td>温希华</td></tr>
<tr><td>联系电话</td><td></td></tr>
<tr><td rowspan="3">施工单位</td><td>单位名称</td><td>中铁二十四局沪杭客专项目部</td></tr>
<tr><td>主管人员</td><td>黄耀东</td></tr>
<tr><td>联系电话</td><td></td></tr>
<tr><td rowspan="3">监理单位</td><td>单位名称</td><td>中铁济南监理沪杭客专项目部</td></tr>
<tr><td>主管人员</td><td>黄存军</td></tr>
<tr><td>联系电话</td><td></td></tr>
<tr><td rowspan="3">设计单位</td><td>单位名称</td><td>铁四院沪杭客专建设指挥部</td></tr>
<tr><td>主管人员</td><td>梁龙标</td></tr>
<tr><td>联系电话</td><td></td></tr>
<tr><td>开工日期</td><td colspan="2">2011年3月18日</td></tr>
<tr><td>完工日期</td><td colspan="2">2011年5月1日</td></tr>
<tr><td>申请验收评估时间</td><td colspan="2">2011年5月16日</td></tr>
<tr><td colspan="3">试验实施概况：本段路基采用布袋注浆桩加固，里程为K7+275～K8+500，长16.8米，单根桩长10米，间距1.2米。</td></tr>
<tr><td colspan="3">项目管理机构（章）
日　期：</td></tr>
</table>

本表一式二份，由项目管理机构填写，建设处、项目管理机构各一份。

图 5.1—2　春申线路所至上海南联络线布袋注浆桩地基处理工艺试验验收评估申请表

项目管理机构、施工、监理、设计单位应根据试验数据优化、修正设计参数和设计方案，经四方签认确定最终参数，形成通过试验段确定的最终参数表，由项目管理机构报铁路局。必要时，可邀请同行业或高校的有关专家参加。通过试验段确定的最终参数表见附表15。

以春申线路所至上海南联络线布袋注浆桩地基处理工艺试验为例，通过工艺试验确定的最终参数见图5.1—3。

通过工艺试验确定的最终参数表

工程项目名称	沪杭客专上海南联络线工程
试验性质	路基布袋注浆桩工艺性试桩
试验里程及长度	K7+275-K8+500
所属标段	沪杭客专站前一标

序号	名　称	确定的参数
1	固化剂材料	Po42.5 水泥、粉煤灰
2	水泥掺入量	74kg/m
3	粉煤灰掺入量	60.1 kg/m
4	水灰比	1:0.8:0.65
5	水泥浆比重	1.62 g/cm^3
6	每米用浆量	140L
7	喷浆压力	0.2-0.6MPa
8	喷浆速度	50-70L/min

结论：

设计单位： 日　期：	项目管理机构： 日　期：	监理单位： 日　期：	施工单位： 日　期：

本表一式五份，由参建单位填写，建设处、参建单位各一份。

图5.1—3　春申线路所至上海南联络线布袋注浆桩地基处理工艺试验通过试验段确定的最终参数表

铁路局宜组织项目管理机构和设计、监理、施工单位等相关人员并邀请有关专家对试验结果进行验收和评估，形成试验段验收评估报告。试验段验收评估报告见附表16。

以春申线路所至上海南联络线布袋注浆桩地基处理工艺试验为例，工艺试验验收评估报告见图5.1—4。

工艺试验验收评估报告

工程项目名称	沪杭客专上海南联络线工程	
试验性质	路基布袋注浆桩工艺试验	
试验里程及长度	K7+275～K8+500	
所属标段	沪杭客专站前Ⅰ标	
项目管理机构	单位名称	沪杭客专公司
	主管人员	温希华
	联系电话	
计划开工日期	2011年3月5日	
计划完工日期	2011年3月20日	
试验验收评估时间	2011年5月23日	

试验验收评估意见：（评估报告另附）

沪杭客专上海南联络线工程通过布袋注浆桩工艺试验，优化了机械配置及选型，获取了最佳浆液配比、注浆压力、注浆速度、拔管速度等施工工艺参数。经过综合评估，该方案可行，可在全线推广应用，具体评估意见见沪杭客专布袋注浆桩工艺试验评估报告。

建设管理处（章）

日　期：2011年5月23日

本表一式二份，由建设管理处填写，建设处、项目管理机构各一份。

图5.1—4　春申线路所至上海南联络线布袋注浆桩地基处理工艺试验试验段验收评估报告

5.2 验收评估

1 施工单位自评估主要内容：

1）专门管理机构、各参与人员是否履行职责，质量、安全保证体系是否正常运转。

2）是否按规定进行工艺试验一般调查，并进行方案比选。

3）是否按规定编制工艺试验专项方案并报审；是否及时修正、完善。

4）人员资质是否符合要求，是否按规定进行岗前培训；施工机械是否按规定进行机械性能检验，并达到工艺试验相关参数要求；是否建立用、管、维修等制度；检测设备是否满足工艺试验相关要求，是否进行标定；原材料的出厂合格证、检测报告等资料是否符合规定，并按规定程序报验。

5）是否编制技术交底书，按规定进行技术交底，并留下相应记录；试验参数发生变化时是否重新交底。

6）是否编制作业指导书，按规定程序审批；试验参数发生变化时是否重新编制作业指导书。

7）施工中，是否按审批的工艺试验专项方案施工；是否按规定频次对施工现场进行检查；是否按规定程序进行检验；关键工序是否执行签认制度；检测频次、方式是否满足要求；施工存在的问题是否制定专项措施，并及时整改；是否根据试验过程不断优化试验参数。

8）水胶比、注浆压力、注浆速度、补浆量、7 d 单轴抗压强度及 28 d 单桩承载力是否符合要求。

9）各种记录是否真实、齐全；检验批填写是否及时、规范。

10）试验结束后，是否对试验成果进行分析；是否按确定的参数指导施工。

2 施工单位自评估报告主要内容：

1）机械设备选型。

2）水胶比的比选优化。

3）注浆方式的比选。

4)注浆压力、注浆速度、补浆量的比选确定。

5)7 d 单轴抗压强度及 28 d 单桩承载力结果分析。

6)与其他地基处理方式的社会效益、经济效益、施工周期的对比成果分析。

7)关键工序及其控制措施。

8)自评结论。

3 监理单位初评主要内容:

1)项目建设相关批复文件、施工图设计文件是否齐全,相关标准、规范是否配备。

2)是否按规定进行工艺试验一般调查,是否按规定编制施工现场调查报告。

3)是否建立了专门管理机构,并运转正常。

4)工艺试验专项方案是否按规定程序申报、审批,并根据审核意见修正、完善。

5)人员资质是否符合要求,是否按规定进行岗前培训;施工机械是否按规定进行机械性能检验,并达到工艺试验相关参数要求;是否建立用、管、维修等制度;检测设备是否满足工艺试验相关要求,是否进行标定;原材料的出厂合格证、检测报告等资料是否符合规定,并按规定程序报验。

6)是否编制技术交底书,按规定进行技术交底,并留下相应记录;试验参数发生变化时是否重新交底。

7)是否编制作业指导书,按规定程序审批;试验参数发生变化时是否重新编制作业指导书。

8)是否按规定编制开工报告并上报。

9)施工中,是否按审批的工艺试验专项方案施工;是否按规定频次对施工现场进行检查;是否按规定程序进行检验;关键工序是否执行签认制度;检测频次、方式是否满足要求;施工存在的问题是否制定专项措施,并及时整改;是否根据试验过程不断优化试验参数。

10)7 d 单轴抗压强度及 28 d 单桩承载力是否符合要求。

11)各种记录是否真实、齐全;检验批填写是否及时、规范。

4　监理初评估报告主要内容：

1）验收组人员组成。

2）必备的设计图纸和标准，专项施工方案和作业指导书审查情况。

3）检验批资料、各类技术文件、数据验收情况。

4）现场对钻孔、水胶比、注浆方式、注浆压力、注浆速度、补浆量验收情况。

5）本工法的优缺点。

6）初评估意见。

5　验收评估主要内容：

除监理单位初评主要内容外，还需包括以下内容：

1）项目管理机构、施工、监理单位各参与人员是否履行职责，质量、安全保证体系是否正常运转。

2）工艺试验监理专项实施细则是否按规定程序申报、审批。

3）监理人员数量、资质是否符合要求，是否按规定进行岗前培训；监理单位检测设备是否满足工艺试验相关要求，是否进行标定，是否建立用、管、维修等制度，并按规定程序报验。

4）监理单位是否编制技术交底书，按规定进行技术交底，并留下相应记录；试验参数发生变化时是否重新交底。

5）监理单位是否按规定进行巡查、旁站、见证、平行检验。

6）监理单位各种记录是否真实、齐全。

6　验收评估报告由专家验收评估组组长负责组织编写，专家验收评估组成员签认。验收评估报告主要内容：

1）验收组人员组成。

2）必备的设计图纸和标准，专项施工方案、专项监理实施细则和作业指导书审查情况。

3）检验批、各类技术文件、数据验收情况。

4）现场对桩位、桩顶标高、垂直度，原材料、水胶比、注浆压力、注浆速度、补浆量，桩身完整性、均匀性，7 d 单轴抗压强度及 28 d 单桩承载力试验报告验收情况。

5）本工法的优缺点。

6)验收评估结论。

5.3 经验总结

1 临近既有线试验段选取中,往往不能完全体现临近既有线施工特点,通常因工艺试验期间无法进入到铁路栅栏进行观测,导致试验位移沉降观测数据不足,后续施工有待进一步完善。

2 完成1根10 m布袋注浆桩平均需要2～3 h,施工效率较低。可对钻孔和注浆两个环节进行优化,实现平行流水作业,缩短施工时间,提高施工效率。

3 布袋注浆桩每米用浆量、注浆压力、注浆速度3个工艺参数的准确计量较为困难,需进一步改进计量仪表,提高计量精度。

4 当工艺试验选用的钻机尺寸相对较小时,稳定性较差,容易导致钻孔垂直度超标,应在后续施工中改良钻机,增加配重。

5 工艺试验方案比选内容往往忽略了不同桩长对工艺试验参数的影响,应当将桩长纳入方案比选要素中考虑。

6 试验过程中产生的泥浆处理非常困难,要事先规划弃浆场地和循环通道,避免泥浆溢流,确保施工现场的整洁。

7 应对施工成本进行测算和分析,合理降低工程造价。

以春申线路所至上海南联络线布袋注浆桩地基处理工艺试验为例,以7根布袋注浆桩为例进行测算分析,施工成本见表5.3。

表5.3 布袋注浆桩单价分析表

名称	单位	数量	单价(元)	合价(元)
布袋	m	72.8	10	728
42.5水泥	kg	4 480	0.48	2 150.4
粉煤灰	kg	3 882.69	0.15	582.4
水	t	5.95	1.93	11.5
工费	工	10	120	1 200
钻孔机	台班	1	800	800
交流电焊机	台班	1	142	142

续上表

名称	单位	数量	单价(元)	合价(元)
压浆泵	台班	1	85	85
搅拌机	台班	1	83	83
电	度	140	1.2	168
泥浆外运	10m	8.972	73	641.816
合计(元)	6 592.116			

注:每一根 10 m 布袋注浆桩单价为:6 592.116/7=941.73 元。

8 结合本工程地基处理,设计只提出了布袋注浆桩的钻孔取芯试验和单桩承载力的检测要求,对复合地基承载力检测没有明确要求。鉴于布袋注浆桩桩身强度、桩体材料、加固机理均介于 CFG 桩与混凝土灌注桩之间,为进一步验证地基处理效果,建议对布袋注浆桩地基处理增加复合地基承载力检测指标要求。

参考文献

[1] 铁路建设项目技术交底管理暂行办法(铁建设〔2009〕155号).

[2] 铁路建设项目施工作业指导书编制暂行办法(建建〔2009〕107号).

[3] 铁路工程土工试验规程(铁建设函〔2004〕121号).

[4] 铁路工程地基处理技术规程(铁建设〔2010〕126号).

[5] 铁路工程结构混凝土强度检测规程(铁建设函〔20C4〕121号).

[6] 铁路路基设计规范(铁建设〔2005〕66号).

[7] 沪杭客运专线上海南至春申联络线布袋注浆桩试桩成果报告.

[8] 铁路建设工程监理实施细则编制指南(建建〔2009〕389号).

[9] 上海铁路局铁路建设项目架子队标准化管理办法(上铁建函〔2008〕646号).

[10] 左名麟,等. 地基处理加固实用技术. 北京:中国铁道出版社,2005.

[11] 杨丽琼. 布袋注浆桩加固技术应用. 武汉:科学之友,2008.

[12] 余金海. 软土地区布袋注浆桩成桩施工工法及单价分析. 武汉:水利建设与管理,2009.

附　　表

附表 1:试验段实施计划表

<table>
<tr><td>工程项目名称</td><td colspan="2"></td></tr>
<tr><td>试验段性质</td><td colspan="2"></td></tr>
<tr><td>试验段里程及长度</td><td colspan="2"></td></tr>
<tr><td>所属标段</td><td colspan="2"></td></tr>
<tr><td rowspan="3">项目管理机构</td><td>单位名称</td><td></td></tr>
<tr><td>主管人员</td><td></td></tr>
<tr><td>联系电话</td><td></td></tr>
<tr><td rowspan="3">施工单位</td><td>单位名称</td><td></td></tr>
<tr><td>主管人员</td><td></td></tr>
<tr><td>联系电话</td><td></td></tr>
<tr><td rowspan="3">监理单位</td><td>单位名称</td><td></td></tr>
<tr><td>主管人员</td><td></td></tr>
<tr><td>联系电话</td><td></td></tr>
<tr><td rowspan="3">设计单位</td><td>单位名称</td><td></td></tr>
<tr><td>主管人员</td><td></td></tr>
<tr><td>联系电话</td><td></td></tr>
<tr><td>计划开工日期</td><td colspan="2"></td></tr>
<tr><td>计划完工日期</td><td colspan="2"></td></tr>
<tr><td colspan="3">试验段概况：</td></tr>
<tr><td colspan="3">项目管理机构(章)：
日　期：</td></tr>
</table>

注:本表一式两份,由项目管理机构填写,铁路局、项目管理机构各一份。

附表 2:施工单位工艺试验专项方案报审表

<table>
<tr><td>工程名称</td><td></td></tr>
<tr><td rowspan="3">上级主管部门审批</td><td>工程管理部审核意见:

审核人:</td></tr>
<tr><td>安质部审核意见:

审核人:</td></tr>
<tr><td>总工程师审批意见:

总工程师:</td></tr>
<tr><td colspan="2">

施工单位(章):
日　期:</td></tr>
</table>

注:本表一式两份,由施工单位上级主管部门填写,施工、监理单位各一份。

附表 3:工艺试验专项方案报审表

工程项目名称：　　　　　　施工合同段：　　　　　　编号：

<table>
<tr><td>致＿＿＿＿＿＿＿＿（监理单位）：
　　我单位根据施工相关规定已编制完成＿＿＿＿＿＿＿＿＿＿＿＿工程的方案，并经我单位技术负责人审查批准，请予以批准。
　　附件：施工方案
承包单位（章）：
专业工程师：
项目负责人：
日期：　　年　　月　　日</td></tr>
<tr><td>专业监理工程师意见：

专业监理工程师：
日期：　　年　　月　　日</td></tr>
<tr><td>监理单位意见：

监理单位（章）：
总监理工程师：
日期：　　年　　月　　日</td></tr>
<tr><td>项目管理机构意见：

项目管理机构（章）：
专业工程师：
分管负责人：
日期：　　年　　月　　日</td></tr>
</table>

注：本表一式四份，施工单位两份，监理单位、项目管理机构各一份。

附表 4:试验段实施方案审查申请表

<table>
<tr><td>工程项目名称</td><td colspan="2"></td></tr>
<tr><td>试验段性质</td><td colspan="2"></td></tr>
<tr><td>试验段里程及长度</td><td colspan="2"></td></tr>
<tr><td>所属标段</td><td colspan="2"></td></tr>
<tr><td rowspan="3">项目管理机构</td><td>单位名称</td><td rowspan="3"></td></tr>
<tr><td>主管人员</td></tr>
<tr><td>联系电话</td></tr>
<tr><td>计划开工日期</td><td colspan="2"></td></tr>
<tr><td>计划完工日期</td><td colspan="2"></td></tr>
<tr><td>申请方案审查时间</td><td colspan="2"></td></tr>
<tr><td colspan="3">项目管理机构(章):

日　　期:</td></tr>
</table>

注:本表一式两份,由项目管理机构填写,铁路局、项目管理机构各一份。

附表 5:试验段方案审查批复表

<table>
<tr><td>工程项目名称</td><td colspan="2"></td></tr>
<tr><td>试验段性质</td><td colspan="2"></td></tr>
<tr><td>试验段里程及长度</td><td colspan="2"></td></tr>
<tr><td>所属标段</td><td colspan="2"></td></tr>
<tr><td rowspan="3">项目管理机构</td><td>单位名称</td><td rowspan="3"></td></tr>
<tr><td>主管人员</td></tr>
<tr><td>联系电话</td></tr>
<tr><td>计划开工日期</td><td colspan="2"></td></tr>
<tr><td>计划完工日期</td><td colspan="2"></td></tr>
<tr><td>方案审查时间</td><td colspan="2"></td></tr>
<tr><td colspan="3">实施方案审查批复意见:(专家组审查报告另附)

铁路局(章):
日　期:</td></tr>
</table>

注:本表一式两份,由铁路局填写,铁路局、项目管理机构各一份。

附表 6:试验段方案修改备案表

<table>
<tr><td>工程项目名称</td><td colspan="2"></td></tr>
<tr><td>试验段性质</td><td colspan="2"></td></tr>
<tr><td>试验段里程及长度</td><td colspan="2"></td></tr>
<tr><td>所属标段</td><td colspan="2"></td></tr>
<tr><td rowspan="3">项目管理机构</td><td>单位名称</td><td rowspan="3"></td></tr>
<tr><td>主管人员</td></tr>
<tr><td>联系电话</td></tr>
<tr><td>计划开工日期</td><td colspan="2"></td></tr>
<tr><td>计划完工日期</td><td colspan="2"></td></tr>
<tr><td>方案审查时间</td><td colspan="2"></td></tr>
<tr><td colspan="3">针对实施方案审查批复意见修改结果(修改后实施方案和细则详见附件):

项目管理机构(章):
日　期:</td></tr>
</table>

注:本表一式两份,由项目管理机构填写,铁路局、项目管理机构各一份。

附表7:专项监理实施细则报审表

工程项目名称: 施工合同段: 编号:

<table>
<tr><td>致________________(监理单位上级主管部门、项目管理机构):
我监理站根据监理相关规定已编制完成________________工程的专项监理实施细则,请予以审查、批准。
附件:专项监理实施细则

监理单位(章):
专业监理工程师:
总监理工程师:
日期: 年 月 日</td></tr>
<tr><td>监理单位上级主管部门意见:

总工程师:
日期: 年 月 日</td></tr>
<tr><td>项目管理机构意见:

项目管理机构(章):
专业工程师:
分管负责人:
日期: 年 月 日</td></tr>
</table>

注:本表一式两份,项目管理机构、监理单位各一份。

附表 8:TA5 主要进场人员报审表

工程项目名称：　　　　施工合同段：　　　　编号：

致＿＿＿＿＿＿＿＿（监理单位）：

下列人员已进场，并满足合同约定，请予以审查。

附：人员资格证明复印件。

承包单位（章）：＿＿＿＿＿＿＿＿

项目经理：＿＿＿＿＿＿＿＿

日　　期：＿＿＿＿＿＿＿＿

序号	姓名	性别	出生年月	职务	学历	专业	专业年限	备注	监理审核意见

审查意见：

总监理工程师：＿＿＿＿＿＿

日　　期：＿＿＿＿＿＿

注：本表一式四份，承包单位两份，监理单位、项目管理机构各一份。

附表 9:TA4 进场施工机械、设备报验单

工程项目名称：　　　　施工合同段：　　　　编号：

致________________(监理单位)：

下列施工机械、设备按合同约定已进场，并经我方检查，能满足工程施工需要，请审查签证并准予使用。

承包单位(章)：__________

技术负责人：__________

日　期：__________

序号	机械设备名称	规格及型号	数量	技术状况	进场日期	使用工点	备注	监理审核意见

审验结论：

专业监理工程师：__________

日　期：__________

注：1. 对性能、数量不符合要求需更换或补充的原因另附说明；

2. 本表一式四份，承包单位两份，监理单位、项目管理机构各一份。

附表 10:TA6 进场材料/构配件/设备报验单

工程项目名称:　　　　施工合同段:　　　　编号:

<table>
<tr><td colspan="5">致＿＿＿＿＿＿＿＿＿＿(监理单位):
　　下列原材料/构件/设备经自检符合技术规范要求,报请验证并准予在指定的部位使用。
　　附件:1. 出厂质量保证书(产品合格证);
　　　　2. 出厂检验报告;
　　　　3. 自检试验报告。

项目经理:＿＿＿＿＿＿＿＿
技术负责人:＿＿＿＿＿＿＿＿
日　期:＿＿＿＿＿＿＿＿</td></tr>
<tr><td colspan="2">名　称</td><td></td><td></td><td></td></tr>
<tr><td colspan="2">规格及型号</td><td></td><td></td><td></td></tr>
<tr><td colspan="2">本批数量</td><td></td><td></td><td></td></tr>
<tr><td colspan="2">供货单位</td><td></td><td></td><td></td></tr>
<tr><td colspan="2">到达时间</td><td></td><td></td><td></td></tr>
<tr><td colspan="2">合 格 证</td><td></td><td></td><td></td></tr>
<tr><td colspan="2">来源或产地</td><td></td><td></td><td></td></tr>
<tr><td colspan="2">使用工点及部位</td><td></td><td></td><td></td></tr>
<tr><td rowspan="3">自验情况</td><td>取样地点及日期</td><td></td><td></td><td></td></tr>
<tr><td>检查人及检查日期</td><td></td><td></td><td></td></tr>
<tr><td>检验结果</td><td></td><td></td><td></td></tr>
<tr><td colspan="2">使用日期</td><td></td><td></td><td></td></tr>
<tr><td colspan="2">监理检查意见</td><td></td><td></td><td></td></tr>
<tr><td colspan="5">审核结论:

监理单位(章):＿＿＿＿＿＿＿＿
专业监理工程师:＿＿＿＿＿＿＿＿
日　期:＿＿＿＿＿＿＿＿</td></tr>
</table>

注:本表一式四份,承包单位两份,监理单位、项目管理机构各一份。

附表 11:作业指导书报审表

工程项目名称: 施工合同段: 编号:

<table>
<tr><td>致______________________(项目管理机构、监理单位):
我单位根据施工相关规定已编制完成______________________工程的作业指导书,并经我单位技术负责人审查批准,请予以批准。
附件:作业指导书

承包单位(章):
专业工程师:
项目负责人:
日期: 年 月 日</td></tr>
<tr><td>专业监理工程师意见:

专业监理工程师:
日期: 年 月 日</td></tr>
<tr><td>监理单位意见:

监理单位(章):
总监理工程师:
日期: 年 月 日</td></tr>
<tr><td>项目管理机构意见:

项目管理机构(章):
专业工程师:
分管负责人:
日期: 年 月 日</td></tr>
</table>

注:本表一式四份,施工单位两份,监理单位、项目管理机构各一份。

附表 12:技术交底记录表

施工(监理)单位:

<table>
<tr><td>工程名称</td><td colspan="3"></td></tr>
<tr><td>部　　位</td><td></td><td>班组</td><td></td></tr>
<tr><td colspan="4">技术交底内容:</td></tr>
<tr><td>交底人签字</td><td colspan="3"></td></tr>
<tr><td colspan="4">接受交底人签字

年　　月　　日</td></tr>
</table>

附表 13:试验段验收表

<table>
<tr><td colspan="2">工程项目名称</td><td colspan="2"></td></tr>
<tr><td colspan="2">试验段里程及长度</td><td colspan="2"></td></tr>
<tr><td colspan="2">所属标段</td><td colspan="2"></td></tr>
<tr><td colspan="2" rowspan="3">项目管理机构</td><td>单位名称</td><td></td></tr>
<tr><td>主管人员</td><td></td></tr>
<tr><td>联系电话</td><td></td></tr>
<tr><td colspan="2">计划开工日期</td><td colspan="2"></td></tr>
<tr><td colspan="2">计划完工日期</td><td colspan="2"></td></tr>
<tr><td colspan="2">检查项目</td><td>要求</td><td>检查意见</td></tr>
<tr><td rowspan="4">项目管理机构</td><td>施工图审核</td><td>完成</td><td></td></tr>
<tr><td>技术交底审查</td><td>完成</td><td></td></tr>
<tr><td>作业指导书审查</td><td>完成</td><td></td></tr>
<tr><td>试验段计划审批</td><td>完成</td><td></td></tr>
<tr><td rowspan="5">施工单位</td><td>专项施工方案</td><td>已通过审批</td><td></td></tr>
<tr><td>技术交底</td><td>齐全完备</td><td></td></tr>
<tr><td>作业指导书</td><td>齐全完备</td><td></td></tr>
<tr><td>专业施工队伍</td><td>人员配备齐全</td><td></td></tr>
<tr><td>质量自控体系</td><td>齐全完备</td><td></td></tr>
<tr><td rowspan="4">监理单位</td><td>专项监理细则</td><td>完成</td><td></td></tr>
<tr><td>专项施工方案</td><td>已审查</td><td></td></tr>
<tr><td>监理人员配备</td><td>满足要求</td><td></td></tr>
<tr><td>平行检测或见证检测</td><td>满足要求</td><td></td></tr>
<tr><td rowspan="2">设计单位</td><td>技术交底</td><td>已完成</td><td></td></tr>
<tr><td>配合人员</td><td>有</td><td></td></tr>
</table>

注:本表一式两份,由项目管理机构填写,铁路局、项目管理机构各一份。

附表 14:试验段验收评估申请表

<table>
<tr><td>工程项目名称</td><td colspan="2"></td></tr>
<tr><td>试验段性质</td><td colspan="2"></td></tr>
<tr><td>试验段里程及长度</td><td colspan="2"></td></tr>
<tr><td>所属标段</td><td colspan="2"></td></tr>
<tr><td rowspan="3">项目管理机构</td><td>单位名称</td><td></td></tr>
<tr><td>主管人员</td><td></td></tr>
<tr><td>联系电话</td><td></td></tr>
<tr><td rowspan="3">施工单位</td><td>单位名称</td><td></td></tr>
<tr><td>主管人员</td><td></td></tr>
<tr><td>联系电话</td><td></td></tr>
<tr><td rowspan="3">项目监理机构</td><td>单位名称</td><td></td></tr>
<tr><td>主管人员</td><td></td></tr>
<tr><td>联系电话</td><td></td></tr>
<tr><td rowspan="3">设计单位</td><td>单位名称</td><td></td></tr>
<tr><td>主管人员</td><td></td></tr>
<tr><td>联系电话</td><td></td></tr>
<tr><td>开工日期</td><td colspan="2"></td></tr>
<tr><td>完工日期</td><td colspan="2"></td></tr>
<tr><td>申请验收评估时间</td><td colspan="2"></td></tr>
<tr><td colspan="3">试验段实施概况：</td></tr>
<tr><td colspan="3">项目管理机构(章)：
日　　期：</td></tr>
</table>

注:本表一式两份,由项目管理机构填写,铁路局、项目管理机构各一份。

附表 15:通过试验段确定的最终参数表

<table>
<tr><td colspan="2">工程项目名称</td><td colspan="2"></td></tr>
<tr><td colspan="2">试验段性质</td><td colspan="2"></td></tr>
<tr><td colspan="2">试验段里程及长度</td><td colspan="2"></td></tr>
<tr><td colspan="2">所属标段</td><td colspan="2"></td></tr>
<tr><td>序号</td><td>名　称</td><td colspan="2">确定的参数</td></tr>
<tr><td>1</td><td></td><td colspan="2"></td></tr>
<tr><td>2</td><td></td><td colspan="2"></td></tr>
<tr><td>3</td><td></td><td colspan="2"></td></tr>
<tr><td>4</td><td></td><td colspan="2"></td></tr>
<tr><td>5</td><td></td><td colspan="2"></td></tr>
<tr><td>6</td><td></td><td colspan="2"></td></tr>
<tr><td colspan="4">结论:</td></tr>
<tr><td>勘察设计单位:
日　期:</td><td>项目管理机构:
日　期:</td><td>监理单位:
日　期:</td><td>施工单位:
日　期:</td></tr>
</table>

注:本表一式五份,由各参建单位填写,铁路局、参建单位各一份。

附表16:试验段验收评估报告

<table>
<tr><td colspan="2">工程项目名称</td><td colspan="2"></td></tr>
<tr><td colspan="2">试验段性质</td><td colspan="2"></td></tr>
<tr><td colspan="2">试验段里程及长度</td><td colspan="2"></td></tr>
<tr><td colspan="2">所属标段</td><td colspan="2"></td></tr>
<tr><td colspan="2" rowspan="3">项目管理机构</td><td>单位名称</td><td></td></tr>
<tr><td>主管人员</td><td></td></tr>
<tr><td>联系电话</td><td></td></tr>
<tr><td colspan="2">计划开工日期</td><td colspan="2"></td></tr>
<tr><td colspan="2">计划完工日期</td><td colspan="2"></td></tr>
<tr><td colspan="2">试验段验收评估时间</td><td colspan="2"></td></tr>
<tr><td colspan="4">试验段验收评估意见:(评估报告另附)

铁路局(章):
日　期:</td></tr>
</table>

注:本表一式两份,由铁路局填写,铁路局、项目管理机构各一份。